Werkboek  ®

Engels

halfgevorderden

AF134616

Hélène Bauchart

Nederlandse bewerking door
Carine Caljon

Over dit boek

In de verschillende hoofdstukken van dit boek worden de lessen en oefeningen onderverdeeld in drie aparte rubrieken, die herkenbaar zijn aan hun specifieke kleur (geel voor de spraakkunst, groen voor de woordenschat en rose voor de uitspraak).

In de uitspraakoefeningen zetten we de klanken tussen vierkante haakjes. Om het eenvoudig te houden, maken we geen gebruik van het internationaal fonetisch klankschrift, maar trachten we de Engelse klanken zo getrouw mogelijk weer te geven met Nederlandse equivalenten. Zo heeft bijvoorbeeld het woord **why** als klankschrift **[waaj]**.

In de hoofdstukken 17 tot 20 kan je je « feeling » testen en een paar regels leren m.b.t. een taalaspect dat vaak minder aandacht krijgt, maar ontzettend belangrijk is bij mondeling taalgebruik: de klemtoon in woorden.

Tot slot kan je je resultaten zelf evalueren: vul na elke oefening een «tevredenheidsicoontje» in (☺ bij meestal juiste antwoorden, 😐 bij ongeveer de helft juiste antwoorden en ☹ bij minder dan de helft), noteer op het einde van elk hoofdstuk hoeveel van deze icoontjes je in de gemaakte oefeningen hebt behaald en maak aan het einde van het boek de balans op door deze aantallen over te brengen naar de hiervoor bestemde tabel.

Inhoud

1

Onvoltooid tegenwoordige tijd

De 2 vormen van de O.T.T.

In het Engels kan je de tegenwoordige tijd uitdrukken met twee verschillende vormen, ieder met een eigen constructie en functies, afhankelijk van de beoogde actie:

Present Simple (enkelvoudige tegenwoordige tijd)

- Vorming: voor alle personen wordt de infinitief (zonder to) gebruikt (bv. I/you/we/they play), behalve voor de 3e persoon enkelvoud die de uitgang **-s** (of **-es**) krijgt (bv. he/she/it plays, he/she/it washes); in ontkennende en vraagzinnen wordt veelal gebruik gemaakt van do/does (+ not, meestal samengetrokken tot don't/doesn't) + infinitief (bv. do you play golf? I don't play golf)

- Gebruik:
  - algemene waarheid (bv. the sun rises in the East)
  - gewoonte (bv. I go to the cinema on Saturdays)
  - feit of langdurige toestand (bv. she lives in China)
  - wens, wil (bv. I want an apple)
  - iets in de toekomst volgens een vastgesteld plan (bv. the train leaves at 8)

Present Continuous (duratieve of progressieve tegenwoordige tijd)

- Vorming: present simple van **to be** (I am/I'm, you are/you're, he is/he's, we are/we're, they are/they're) + onvoltooid deelwoord van het hoofdwerkwoord (infinitief+**ing**)

- Gebruik:
  - aan de gang zijnde actie (bv. be quiet, the baby is sleeping!)
  - tijdelijke actie of toestand (bv. he is living with his brother / I am not dancing tonight)
  - terugkerende irritatie (bv. you are always complaining!)
  - nadrukkelijke weigering (bv. I am not coming with you!)
  - iets dat men van plan is te doen (bv. I am going to the gym next week)

 Omcirkel de juiste vormen:

1. Look Daddy, it ... !
   a. snowing   **b.** snows
   c. 's snowing   **d.** snow

2. The Earth ... around the Sun.
   a. is revolving   **b.** revolve
   c. revolves   **d.** revolving

3. I ... to the swimming pool every Saturday.
   a. 'm going   **b.** go
   c. going   **d.** I'm gone

4. His wife ... in advertising.
   a. 's working   **b.** work
   c. works   **d.** has working

5. I ... , I ... tonight.
   a. don't drink/drive
   b. 'm not drinking/'m driving
   c. don't drink/'m driving
   d. don't drink/drive

6. I ... next week, I'm on holiday.
   a. 'm not working **b.** 'm not work
   c. don't work   **d.** work not

7. **Just for fun:** "Hey, this man ... ! Don't people usually ... ?" (Homer Simpson)
   a. doesn't breathe/breathe
   b. isn't breathing/breathe
   c. breathes/breathing

2 **Vervoeg de werkwoorden tussen haakjes in de _present simple_ of de _present continuous_:**

1. You .... **(always - smoke)** in the house!

   You .... **(know)** I .... **(hate)** that!

2. Hurry up! The film .... **(begin)** at 9:30.

3. I usually .... **(go)** shopping twice a week.

4. Do not ask again! I .... **(not - give)** you any money!

5. Stop it John! You .... **(be)** silly!

Bijzonderheden

De duratieve vorm met **to be + -ing** wordt niet gebruikt bij werkwoorden die het volgende uitdrukken:

- aspect **(seem, look, appear,...)**
- bezit **(have, possess, own,...)**
- perceptie **(see, hear, feel,...)**
- redenering **(understand, believe, think, doubt,...)**
- appreciatie en wil **(like, love, hope, hate, regret, need, want)**
- andere **(swear, wish, promise, deny, confess, forgive, apologize)**.

3 **Herschik alle elementen en vervoeg de werkwoorden in de _present simple_ of _present continuous_:**
Vb.: on/football/Sundays/he/(play) → He plays football on Sundays.

1. about/you/what/**(think)**?   → ....

2. he/mother/his/**(look like)**   → ....

3. the/to/doctor's/to/I/go/**(need)** → ....

4. what/this/book/you/of/**(think)**? → ....

5. neighbours/a/car/new/the/**(have)** → ....

De uitgang *-s/-es* in de 3ᵉ p. ev.

Houd bij de uitgang **-s** in de 3ᵉ p. ev. present simple rekening met het volgende:

- bij werkwoorden die uitgaan op **-y** voorafgegaan door een medeklinker wordt de uitgang **-ies** (bv. try → he/she/it tries) (dus bij **-y** voorafgegaan door een klinker geldt gewoon de algemene regel **-s**, bv. play → plays)

- bij werkwoorden die uitgaan op een sisklank (**-s**, **-x**, **-z**, **-ch**, **-sh**) of op **-o** wordt **-es** toegevoegd (bv. watch → watches / go → goes).

4 Vervoeg de werkwoorden in de 3ᵉ p. ev. *present simple*: ••

1. worry → ....
2. punish → ....
3. finish → ....

4. dress → ....
5. destroy → ....
6. buy → ....

De uitgang *-ing*

Houd bij de uitgang **-ing** in de present continuous rekening met het volgende:

- bij werkwoorden die uitgaan op **-ie** verandert de **ie** in **y** (bv. lie → lying)

- bij werkwoorden die uitgaan op **-e** valt deze weg als er een medeklinker voor staat (bv. love → loving), wat ook het geval is bij werkwoorden op **-gue** (bv. intrigue → intriguing)

- bij werkwoorden die uitgaan op **-ic** of **-ac** verandert de **c** in **ck** (bv. panic → panicking)

- bij werkwoorden die uitgaan op één klinker + één medeklinker (behalve **w**) verdubbelt men de medeklinker voor de uitgang **-ing** (bv. stop → stopping); uitzonderingen: **opening, developing, entering, profiting, suffering, offering**.

5 Zet de werkwoorden in de -ing-vorm (denk aan de spellingregels!):

1. live → ....   **4**. play → ....   **7**. suffer → ....

2. keep → ....   **5**. picnic → ....   **8**. draw → ....

3. wear → ....   **6**. admit → ....   **9**. break → ....

«Goed» vertalen: *good / well* ?

Good
- als bijvoeglijk naamwoord bepaalt het een zelfstandig naamwoord (bv. I'm not a good dancer)
- bijzonder gebruik: met werkwoorden die een toestand, gevoel,... uitdrukken (**feel, seem, be, become, appear, look, sound, taste, smell,...**)

Well
- als bijwoord bepaalt het een werkwoord, bijvoeglijk naamwoord of ander bijwoord (bv. I don't dance very well)
- bijzonder gebruik: als bijvoeglijk naamwoord in de betekenis van "in goede gezondheid"

Opmerking: I feel good is heel gebruikelijk in Amerikaans Engels, en steeds meer daarbuiten; een andere manier om te zeggen dat je het goed maakt is **I'm fine**.

6 Vul aan met *well* of *good*:

1. Her husband is a very .... man.

2. She speaks Chinese very ....

3. Drink your milk, it's .... for you.

4. I usually sleep ....

5. It smells ...., what are you cooking?

6. All is .... that ends ....
(equivalent van "Eind goed, al goed").

7. So far so .... (wat "voorlopig is alles in orde" betekent).

7 Valse vrienden! Vul de tabel aan met onderstaande woorden:

Engelse woorden: actually, lemon, lime, slim, sausage, fabric, small, narrow, current, possibly, factory

Nederlandse woorden: slank, slechtst(e), uiteindelijk

	Engels woord	Betekenis	Verward met het Nederlandse ...	dat in het Engels ... is
1.		eigenlijk	actueel	
2.		citroen	limoen	
3.			slim	smart
4.	worst		worst	
5.		stof	fabriek	
6.	eventually		eventueel	
7.		klein	smal	

Spreekwoorden,...

Spreekwoorden, gezegden,... Ze kunnen de verbeelding zo aanspreken! Of wat dacht je van **it's raining cats and dogs** voor ons "het regent pijpenstelen"?! Meer hiervan in de volgende oefeningen.

I believe I can fly !

I'm so cool, man!

 8 Herschik de woorden / vul de ontbrekende letters in om de bekende uitdrukkingen te vormen:

1. as/cucumber/a/as/cool   (onverstoorbaar)

➜ ....

2. p _ _ s might f _ _   (vgl. als de uilen preken)

Uitspraak van de uitgang -s

De werkwoordsuitgang -**s** klinkt, afhankelijk van het uitspraakgemak, als:

- [**s**] na stemloze klanken als [**f**], [**k**], [**p**], [**t**], (bv. puffs, plucks, pops, hits)

- [**z**] na een klinker (bv. plays, sees) en stemhebbende klanken als [**b**], [**d**], [**g**] (bv. throbs, feeds, begs).

Uitspraak van de uitgang -es

De werkwoordsuitgang -**es** klinkt als:

- [**z**] (bv. goes)

- [**iz**] na sisklanken ([**s**], [**sj**], [**tsj**], [**dzj**], [**z**]), bv. passes, mixes, pushes, watches, ages, buzzes.

Ook de uitgang -**ies** klinkt als [**iz**] bij werkwoorden op een -**y** die als [**i**] uitgesproken wordt, bv. carry - carries.

9 [s], [z] of [iz]? Noteer de eindklank van onderstaande werkwoorden vervoegd in de 3e persoon enkelvoud tussen de haakjes:

1. confess**es** [...]
2. kill**s** [...]
3. enjoy**s** [...]
4. cross**es** [...]
5. suppl**ies** [...]
6. teach**es** [...]
7. age**s** [...]
8. look**s** [...]
9. buzz**es** [...]
10. wait**s** [...]

 **Zoek de indringer:**

1. prepares, allows, arrives, eats
2. cooks, costs, burns, fights
3. answers, recognizes, explains, prefers
4. counts, calls, tells, moves

Gefeliciteerd! Je bent klaar met hoofdstuk 1! Het is nu tijd om de icoontjes op te tellen en het resultaat over te brengen naar pagina 128 voor je eindevaluatie.

Voltooid tegenwoordige tijd

Present Perfect Simple (enkelvoudige V.T.T.)

Hoewel hij als een verleden tijd kan overkomen, is de present perfect toch een tegenwoordige tijd omdat hij acties uitdrukt die nog een verband hebben met het heden.

- **Vorming: have ('ve) (has ('s)** in de 3^e p. ev.) + voltooid deelwoord van het hoofdwerkwoord

- **Gebruik:**

- **actie die is begonnen in het verleden en nu nog doorloopt;** zinnen met de woorden **since** en **for** vereisen deze tijd (**since** leidt het begintijdstip in, **for** de tijdsduur), bv. I have played tennis for 10 years/since 2002/since my childhood = ik tennis al 10 jaar/ sinds 2002/sinds ik kind was)

- het uitdrukken van iemands **ervaring(en) tot op heden**, bv. I have never been to Japan (ik ben nog nooit naar Japan geweest); hierbij kan men gebruik maken van uitdrukkingen zoals **so far, until now** (tot nu toe), **over the past years/months/weeks** (de voorbije jaren/maanden/weken), **it's the first/second/third time** (het is de 1^e, 2^e, 3^e keer dat), **not yet** (nog niet), **never** ((nog) nooit), **ever** (ooit), **already** (al)

- **het benadrukken van de gevolgen of het resultaat** van een voorbije actie in de huidige context, dus niet van de actie zelf - zo verklaart de voorbije gebeurtenis de huidige toestand (bv. I have forgotten my glasses = ik heb mijn bril vergeten ➜ ik zie niets, kan dit niet lezen / I have washed the car = ik heb de auto gewassen ➜ die is proper)

I **Vul aan met *since* of *for*:**

1. I've been back home .... 2 o'clock. I've been here .... 2 hours.

2. I haven't seen him .... a while. Not .... the accident, actually.

3. We have known John .... 1999. We've known him .... 14 years.

4. I haven't heard from her .... a long time. Have you phoned her .... her wedding?

2 Verbind elke zinsaanvang met zijn vervolg:

1. I'm sorry, I have •   • **a**. had any problem with my computer.

2. So far, I haven't •   • **b**. two years.

3. You can stay home and relax. •   • **c**. forgotten your name.

4. I've worked in this company for •   • **d**. I've done the shopping.

5. I haven't had breakfast •   • **e**. ages!

6. This car is so old! I've had it for • • **f**. yet.

Present Perfect Continuous (progressieve V.T.T.)

• **Vorming: have/has been** + onvoltooid deelwoord van het hoofdwerkwoord (-**ing**-vorm)

• **Gebruik:**

– **een recente actie** die gemakkelijk vast te stellen is in de huidige toestand (het is zichtbaar, voelbaar,...), bv. she's been crying = ze heeft gehuild ➜ ik zie het aan haar rode ogen / you've been drinking! = je hebt gedronken! ➜ je ruikt naar alcohol!

– **de progressieve** vorm geniet de voorkeur bij eerder korte en punctuele situaties, de enkelvoudige vorm bij permanente of langdurige toestanden, bv. I have lived in Paris all my life / I've been living here for two months

3 Verbeter de fouten:

I have always love Ireland. I live here since 2005. I've been rented a nice little flat in Dublin since 6 months. I have find an interesting job. I work here since three months. I have a few habits now. On Sundays I always go to the fish market. I've tried to learn more about Irish cooking for a couple of months. Another thing I love is going to the pub. I have tried quite a few beer brands since I arrived!

....
....
....
....
....
....
....
....
....

Vul de vertaling van onderstaande zinnen aan (houd rekening met woordjes als *for, since, already, yet, etc.*):

1. Geef de poes niet te eten, ik heb het al gedaan.

   → Don't feed the cat, I .... it.

2. Hij heeft gerookt (want hij ruikt naar sigaretten)

   → He ....

3. Ik ben drie keer naar China geweest sinds 2002.

   → I .... three times to China .... 2002.

4. **Just for fun:** (vervoeg het werkwoord tussen haakjes om het citaat aan te vullen)

   → "A sense of humour is good for you. .... you ever .... **(hear)** of a laughing hyena with heart burn?" (Bob Hope)

«Goed» en «niet goed»

- Om "al dan niet van goede kwaliteit, op een (on)bevredigende manier" te vertalen, gebruikt men **good, well / bad**, **badly**, afhankelijk van de context (vgl. goed/slecht).

- Om "al dan niet passend, fatsoenlijk, rechtvaardig,..." te vertalen, gebruikt men **right/ bad**, **wrong** (vgl. juist/fout).

Opmerking: good en **bad** zijn bijvoeglijke naamwoorden, **wrong** en **badly** zijn bijwoorden.

 Omcirkel de antwoorden die tot de vertaling van onderstaande zinnen leiden:

1. Ik maak het goed. → I'm...   **a. well   b. good   c. right**

2. Wat scheelt er? → What's...   **a. bad?   b. badly?   c. wrong?**

3. Bravo! → **a. Well made!   b. Well done!   c. Right done!**

4. Het goede en het kwade → **a. Right and wrong   b. Good and bad   c. Good and evil**

5. Ze spreekt slecht Engels. → She speaks...
   a. bad English   b. English badly   c. wrong English

6. Het voelt goed thuis te zijn. → It ... to be home.
   a. makes good   b. feels right   c. feels good

«Goed» en «niet goed»? (vervolg)

Wanneer het gaat om **de mate waarin iets goed of niet goed** is, worden andere wendingen gebruikt (bv. I'm **quite** upset / you **mis**understood), zoals blijkt uit de volgende oefening.

6 **Werk de vertalingen af met een van onderstaande woorden:**

hurt - much - very - carefully - difficulty - good

1. Het is veel beter.

→ It's .... better.

2. Luister goed naar me.

→ Listen to me ....

3. Ze heeft moeite met spreken.

→ She has .... in talking.

4. Doe hem geen pijn.

→ Don't .... him.

5. Ik ben heel blij.

→ I'm .... happy.

6. Het is te mooi om waar te zijn.

→ It's too .... to be true.

Uitspraak van de letter *i*

De letter **i** wordt uitgesproken zoals in "pit" **[i]** (bv. bit, promise), zoals in "dier" **[ie]** (bv. police) of als **[aaj]** (bv. kind, surprise). Hier zijn regels voor, maar die zijn complex en in deze leerfase nog te moeilijk. Probeer te onthouden wat je hoort!

7 **Zoek de indringer:**

1. police - regime - decide - wilderness

2. differ - alive - time - nice

3. precise - vital - like - children

4. dish - kiwi - drive - ski

8 **Duid het juiste antwoord aan:**

1. Hoe spreekt men de beide **i**'s in het woord **crisis** uit?   **a**. [ie]/[i]   **b**. [aaj]/[i]

2. Hoe spreekt men de beide **i**'s in het woord **minority** uit?   **a**. [ie]/[i]   **b**. [aaj]/[i]

3. Hoe spreekt men de **i** in **decide** uit?   **a**. [aaj]   **b**. [ie]

4. Hoe spreekt men de eerste **i** in **decision** uit?   **a**. [aaj]   **b**. [i]

De klank [i] / [ie]

De klank **[i]** wordt vaak geschreven als:
- **i** (bv. bit, this)
- **y** (bv. synonym, party)
- **a** (bv. hostage).

De klank **[ie]** wordt vaak geschreven als:
- **ee** (bv. bee)
- **ea** (bv. bean)
- **eo** (bv. people)
- **ey** (bv. key)
- **ei** (bv. ceiling)
- **ie** (bv. chief)
- **e** (bv. be)
- **i** (bv. machine).

Maar er zijn uitzonderingen...

9 Duid de juiste oplossing(en) aan:

1. Wat past niet in het rijtje?
   copy - try - envy - fancy

2. Wat past niet in het rijtje?
   perceive, receive, neighbour, deceive

3. **Cheer** rijmt op: hear - pear

4. Wat past niet in het rijtje?
   heavy - ally - July - my

5. Wat past niet in het rijtje?
   party - actually - justify - worry

6. **Journey** rijmt op:
   funny - crazy - okay - money

7. Wat past niet in het rijtje?
   leaf, meat, sweat, read

10 Ik welk woord hoor je geen [i]- of [ie]-klank? Schrijf het netjes op de stippellijn (let op voor eventuele valstrikken!):

1. complete - great - knowledge - chief ➜ ....
2. asylum - deep - manage - ship ➜ ....
3. meel - sign - promise - achieve ➜ ....
4. fit - relief - advantage - violence ➜ ....
5. carriage - language - bridge - badge ➜ ....
6. women - business - knowledge - secret - media ➜ ....

Gefeliciteerd! Je bent klaar met hoofdstuk 2! Tijd om de icoontjes op te tellen en het resultaat over te brengen naar pagina 128 voor je eindevaluatie.

3
Onvoltooid verleden tijd

Past Simple (enkelvoudige O.V.T.)

De past simple dient om gebeurtenissen in het verleden uit te drukken die geen verband meer hebben met het heden en waarbij vaak een tijdsindicatie vermeld wordt (bv. Ghandi died in 1948 / I bought a new computer last week).

Vorming:

- regelmatige werkwoorden: infinitief + uitgang **-d/-ed** in de bevestigende vorm (bv. Tommy played football this morning); **did** + infinitief in de ontkennende en vraagvorm (bv. did you see Peter yesterday? / no, I didn't)

- onregelmatige werkwoorden: aparte vormen die je, zoals in het Nederlands, uit het hoofd moet leren

- **to be**: **was** in de 1^e en 3^e persoon enkelvoud en **were** in de andere personen

1 Regelmatig of onregelmatig? Zoek de indringer:

1. work, know, believe, play

2. lose, take, ask, buy

3. kill, buy, arrive, visit

4. cut, tell, need, see

5. go, become, bleed, walk

6. swim, eat, wash, lie

2 Duid aan of het werkwoord regelmatig is of niet en noteer dan de *past simple*:

	Regelmatig	Onregelmatig	O.V.T.
talk	☐	☐	....
meet	☐	☐	....
drink	☐	☐	....
become	☐	☐	....
wear	☐	☐	....
cry	☐	☐	....
open	☐	☐	....
compare	☐	☐	....
let	☐	☐	....

Past Simple (vervolg)

Bijzonderheden:

- in tegenstelling tot de present perfect wordt de past simple gebruikt wanneer de definitief voorbije gebeurtenis zelf benadrukt wordt, en niet de gevolgen ervan nu; vaak worden de omstandigheden rond de gebeurtenis vermeld (waar, waarom, hoe, wanneer), bv. she put her hat **on the table →** waar? op de tafel / I came **on foot →** hoe? te voet)

- de past simple wordt gebruikt met tijdsaanduidingen die verwijzen naar een moment in het verleden, zoals een datum, **ago** (geleden), **yesterday, last week/month/year, for, when, during, before, after, since**, ook al is die aanduiding vaag, het volstaat dat ze een element inhoudt dat duidelijk naar het verleden verwijst (bv. Egyptians wore make-up)

- in de past simple kan het begrip **gedurende** vertaald worden door **for** of **during**: **for** leidt een tijdsduur in en beantwoordt de vraag **how long?** (bv. for 2 months), **during** staat voor een naamwoord als antwoord op **when?** (bv. I fell asleep during the meeting)

3 Vervoeg de werkwoorden in de *past simple*:

1. I .... **(leave)** my umbrella on the train.

2. I .... **(go)** to Australia for the holidays last year.

3. The Suffragettes .... **(fight)** for the right to vote.

4. I .... **(stop)** smoking a few months ago.

5. We .... **(not - go)** to the restaurant last night.

6. Peter .... **(work)** in England from 1985 to 2010.

Past Continuous (progressieve O.V.T.)

- **Vorming: to be** in de past simple (**was/were**) + hoofdwerkwoord in de **-ing-vorm**

- **Gebruik:** voor een aan de gang zijnde actie in het verleden → was/waren aan het ... (bv. this time last week, I was skiing); om te zeggen dat een actie aan de gang was toen een andere aanving of dat een actie onderbroken werd door een andere → was/waren aan het ... toen ... (bv. I was sleeping when you arrived)

4 **Vul aan met de *past simple* of *past continuous*:**

1. I .... **(not - hear)** the postman. I ....
(have) a shower when he .... **(ring).**

2. – What .... you .... **(do)** last night at 11, Sir?
– Nothing special, I .... **(watch)** TV.

3. The children .... **(play)** football when it .... **(start)** raining.

4. **Just for fun:** "I can remember exactly what I .... **(do)** when I
.... **(hear)** the news. I .... **(listen)** to the news." (Hugh Laurie)

5 **Vul de zinnen in de *past simple* en *present perfect* aan met *during, for, since, ever, yet, already, ago*:**

1. I was sick ... the flight.

2. I've known him ... more than a year, ... June 2011.

3. I went to the hairdresser's two weeks ... .

4. Have you ... fed the cat?

5. Have you ... done a parachute jump?

6. I haven't prepared dinner ... .

	aangevulde woorden	
1		
2		
3		
4		
5		
6		

6 **Vervoeg de werkwoorden in de *past simple* of *present perfect* en gebruik zo nodig tijdsaanduidingen (for, since, ago, during,...):**

1. I .... **(rent)** a flat .... ten years, from
1980 to 1990. Then I .... **(buy)** a house.

2. Be careful, there's glass everywhere. I .... **(break)** a vase.

3. I .... **(smoke)** .... I was a teenager.
I know I should stop.

4. I .... **(see)** Emma two days ....
She was on her way to the dentist's.

Onregelmatige werkwoorden

De uitgang in de verleden tijd is:

- **-d** bij werkwoorden die eindigen op **-e** (bv. live ➜ lived)
- **-ed** bij werkwoorden die eindigen op **-y** voorafgegaan door een klinker (bv. stay ➜ stayed), maar indien voorafgegaan door een medeklinker verandert **y** in **i + -ed** (bv. try ➜ tried)
- bij werkwoorden op één klinker + één medeklinker (behalve **w**) verdubbelt deze medeklinker + **-ed** (bv. stopped, admitted) met uitzondering van opened, developed, entered, profited, suffered, offered, remembered
- bij werkwoorden op **-ic/-ac** verandert **c** in **ck + -ed** (bv. panic ➜ panicked).

7 **Zet de werkwoorden in de *past simple*:**

tap	prefer ....
close	top ....
explain	create ....
follow	believe ....
worry	study ....
rob	chat ....
live	picnic ....

$$\Delta x = \sum \frac{(x+28)^2}{7 \cdot (m+1)}$$

$$\hookrightarrow x = \sqrt{481/\infty}$$

To take of to have?

Bij het vertalen van **nemen** in bepaalde uitdrukkingen kan soms twijfel rijzen tussen **to take** en **to have**. Sommige wendingen moet je gewoon uit het hoofd leren, maar onthoud dat **have** vaak geldt bij handelingen en ervaringen, in het bijzonder met betrekking tot **eten**, **drinken**, **zich vermaken** (bv. have a snack, have fun, have a walk). **Amerikanen** gebruiken weliswaar meer **to take**, dus: take a shower, take a walk.

8 **To take or to have?**
Omcirkel het juiste antwoord (soms zijn beide mogelijk!):

1. pauzeren ➜ **take - have** a break

2. lunchen ➜ **take - have** lunch

3. iets drinken ➜ **take - have** a drink

4. een bad nemen ➜ **take - have** a bath

5. vakantie nemen ➜ **take - have** a holiday

6. gaan zitten ➜ **take - have** a seat

7. even kijken ➜ **take - have** a look

8. plezier hebben ➜ **take - have** fun

Hebben: *to be* of *to have*?

Doorgaans loopt het gebruik van "hebben" gelijk met dat van **to have**, maar soms moeten we het vertalen met **to be**, o.a. bij bepaalde **mentale toestanden en gevoelens** zoals honger/dorst, schrik, (on)gelijk, (on)geluk, haast,... hebben, het koud/warm, druk,... hebben: **to be hungry/thirsty, afraid, right/wrong, (un)happy, in a hurry, cold/warm, busy.**

9 Herschik de woorden en voeg *to be* of *to have* in de juiste vervoeging toe, zoals in het voorbeeld:

Vb.: Er zit (is) een spin in de slaapkamer. → there/in/spider/the/bedroom/a → There IS a spider in the bedroom.

1. Ik had ongelijk/was fout, jij had gelijk. → I/right/wrong/you → ....

2. Peter heeft haast/is gehaast. → a/in/hurry/Peter → ....

3. De kinderen zijn bang voor/hebben schrik van de hond. → children/the/of/dog/the/afraid → ....

4. Ze hebben het koud in de cottage. → cold/they/in/cottage/the → ....

5. Ik heb dikwijls hoofdpijn. → often/I/headache/a → ....

Vlottere synoniemen

Net zoals bij de Nederlandse synoniemen "voldoende-genoeg" of "eenvoudig-simpel", kan je in het Engels i.p.v. een formeel, literair woord een vlottere, dikwijls kortere variant gebruiken, zoals blijkt uit de volgende oefening.

10 Vind het (vlottere) synoniem van de volgende woorden aan de hand van de aanwijzingen:

Synoniem van...	Aanwijzing 1	Aanwijzing 2	Antwoord
1. simple	• A • •	Y/E/A/S	
2. liberty	F • • • D • •	O/M/D/E/F/E/R	
3. difficult	H • • •	R/H/D/A	
4. sufficient	E • • U• •	U/N/H/E/G/O	
5. ridiculous	• I • • Y	Y/L/I/L/S	

Uitspraak van *-ed*

De uitgang **-ed** van de verleden tijd klinkt als:

- **[id]*** na een **[d]**- of **[t]**-klank (bv. ended, wanted)

- **[t]** na de klanken **[f]**, **[k]**, **[p]**, **[s]**, **[sj]**, **[tsj]** (bv. coughed, worked, picked, tapped, washed, preached)

- **[d]** na alle andere klanken (bv. considered, ruled, filled, saved).

* Ook de **-ed** in een aantal als bijvoeglijk naamwoord gebruikte voltooide deelwoorden wordt als **[id]** uitgesproken, zo o.a. beloved, blessed, learned, naked, wicked.

11 Hoe wordt de -ed uitgesproken in de volgende woorden?

1. needed   [id] ☐   [t] ☐   [d] ☐
2. kissed   [id] ☐   [t] ☐   [d] ☐
3. lived   [id] ☐   [t] ☐   [d] ☐
4. wondered   [id] ☐   [t] ☐   [d] ☐
5. hated   [id] ☐   [t] ☐   [d] ☐

12 Hoeveel lettergrepen hoor je in de volgende woorden?

1. punished: ....
2. listened: ....
3. reached: ....
4. danced: ....
5. arrived: ....
6. researched: ....
7. suggested: ....
8. naked: ....
9. listened: ....
10. pressed: ....

13 Wat hoort niet in het rijtje?

1. suffered, entered, served, fixed, covered

2. shouted, explained, recorded, visited, started

3. stopped, confessed, expected, dressed, parked

4. answered, figured, appeared, included, surprised

Gefeliciteerd! Je bent klaar met hoofdstuk 3! Tijd om de icoontjes op te tellen en het resultaat over te brengen naar pagina 128 voor je eindevaluatie.

4
Toekomende tijd

Iets in de toekomst uitdrukken

Iets dat in de toekomst zal gebeuren, kan uitgedrukt worden met:

- **will** (in vlot taalgebruik meestal verkort tot **'ll**) + infinitief: voor iets dat, gezien de feiten, verwacht wordt (bv. I think he will pass the exam) of voor een beslissing die genomen wordt op het moment dat men ze uitspreekt (bv. de telefoon rinkelt ➜ I'll take it)

- vorm van **to be going to** + infinitief: voor een intentie (bv. I'm going to buy a new car) of voor wat kan afgeleid worden uit al aanwezige omstandigheden (bv. look at the sky, it's going to rain)

- **present continuous**: voor iets dat al beslist is voor het aangekondigd wordt (bv. I'm moving out next month)

- **present simple**: voor een extern geplande gebeurtenis/uurregeling (bv. the train leaves at 5).

I Verbind elke zinsaanvang met zijn vervolg:

1. Someone's knocking at the door. •

2. Look how fast this man is driving. He's •

3. It says in the TV programme •

4. Wait for me please. •

5. It's agreed. We are •

• **a**. that the film starts at 8:30.

• **b**. going to Spain for the holiday.

• **c**. I'll be right back.

• **d**. I'll get it!

• **e**. going to have an accident.

Met of zonder *will*?

Will wordt ook gebruikt voor een gebeurtenis onder voorwaarden (bv. I'll go if you come with me).

Niet **will** maar de **present simple** is van toepassing in bijzinnen van tijd na **when, as soon as, until, while, before, after** als in de hoofdzin al een werkwoordsvorm met **will** gebruikt wordt (bv. I'll tell you as soon as I know) en na bepaalde werkwoorden als **to bet** of **to hope** (bv. I bet he doesn't come).

2 Vink het juiste antwoord aan:

1. Have you decided yet? ... to the party tonight?
   - ☐ **a**. Do you come
   - ☐ **b**. Are you coming
   - ☐ **c**. Will you come

2. I heard you were sick.
   I hope you ... better soon.
   - ☐ **a**. will feel
   - ☐ **b**. feel
   - ☐ **c**. are feeling

3. The sky is getting so dark! I think it...
   - ☐ **a**. is going to rain
   - ☐ **b**. rains
   - ☐ **c**. will rain

4. In six months from now, I ... in Japan.
   - ☐ **a**. will live
   - ☐ **b**. live
   - ☐ **c**. will be living

Future Continuous (progressieve toekomende tijd)

De toekomende tijd op **-ing**:
- • wordt gebruikt voor een handeling die aan de gang zal zijn in de toekomst
- • wordt gevormd met **will be** + infinitief+**ing**

bv. this time tomorrow I'll be visiting Dublin.

5. **Just for fun:** "It's not that I'm afraid to die. I just don't want to be there when it ... ." (Woody Allen)
   - ☐ **a**. is happening
   - ☐ **b**. will happen
   - ☐ **c**. happens

Gebruik van *shall*

Shall wordt alleen nog gebruikt om iets voor te stellen of iets aan te bieden (bv. shall I take your coat?) of om zich af te vragen wat er moet gedaan worden (bv. what shall we do?).

3 Vul aan met *shall, will*, de *present simple* of de *present continuous*:

1. Are you cold? .... **(I - close)** the window?

2. Peter and Suzie .... **(get married)** in May.

3. The play .... **(begin)** at 8:30.

4. Let's go to the restaurant tonight, ... we?

5. I .... **(go out)** if I'm not too tired.

Doen en maken = *to do* en *to make*?

Doorgaans komt het gebruik overeen:

to make: o.a. bij het creëren, produceren, opbouwen (bv. I made a cake)

to do: o.a. bij de gedachte aan een taak, job of onbepaalde activiteit (bv. what do you do? = what is your job? = wat doe je in 't leven?), i.p.v. een ander werkwoord (bv. I'm doing the dishes = ik doe de vaat)

maar dus niet altijd (bv. you made a promise / I have nothing to do with it).

4 **Vul aan met de juist vervoegde vorm van *to do/make*:**

1. He .... his best but he .... many mistakes.

2. Could you .... me a favour and .... some tea?

3. That was a difficult choice to .... and I think
you .... the right thing.

4. I'm going to .... the shopping this afternoon.

5. You could .... an effort, it's not so hard!

Tussenwerpsels

Tussenwerpsels zijn er in alle talen en die zijn soms moeilijk te vertalen, bv.

Bang! (boem!, pats! paf!,...), **Hush!** (sst!, stil!).

In de oefening hiernaast ontdek je er nog een paar.

5 **Verbind de Engelse tussenwerpsels met hun Nederlandse tegenhanger:**

1. Phew • • **a**. Mjammie

2. Shoo • • **b**. Eh

3. Ouch • • **c**. Oef

4. Yummy • • **d**. Ksst

5. Yuck • • **e**. Au

6. Hum • • **f**. Bah

6 **Vink de verkeerd gespelde woorden aan:**

bottle ☐, adress ☐, carrot ☐, cotton ☐,

abreviation ☐, button ☐, miror ☐, enemy ☐,

holiday ☐, litterature ☐, apartment ☐, coffey ☐,

envelope ☐, agressive ☐, ridiculous ☐, acheive ☐,

accross ☐, generally ☐, begining ☐, successful ☐,

exemple ☐, abricot ☐, bank ☐, baggage ☐,

caracter ☐, comfort ☐, shoking ☐, elegantly ☐,

squirrel ☐, pineapple ☐, syrop ☐, clerk ☐, finaly ☐,

selfish ☐, futur ☐, virtuous ☐, grateful ☐,

fonction ☐, langage ☐, swimming ☐,

pronounce ☐, spelling ☐, gard ☐,

allowed ☐, crossroads ☐, projet ☐,

chicken ☐, whistle ☐, rythm ☐,

developement ☐, tongue ☐, Irland ☐.

Lookalikes

Sommige woorden lijken in het Engels en Nederlands erg op elkaar, maar dan met hier een lettertje anders of daar een lettertje meer/minder... Goed opletten, dus!

7 **Gebruik onderstaande woorden m.b.t. "familie" in de zinnen:**

daughter / mother-in-law / uncle / aunt / brother / wife / sister / husband / nephew

1. A married couple is formed of ....
   and ....

2. Son is to boy what .... is to girl.

3. An only child has no ....s and ....s.

4. Your father's brother is your ....

5. Your father's sister is your ....

6. Your wife's/husband's mother is your ....

7. Your sister's/brother's son is your ....

Familieleden

Het woord **family** betekent zowel "familie" als "gezin". **A relative** is **een verwant** dus **familie-lid**. Ontdek je gezins- en familieleden in de oefening hiernaast!

Kleren

Kleren zijn **clothes**, maar **een kledingstuk** heet **a garment** of **an item (an article/a piece) of clothing**. Ontdek in onderstaande oefening wat je zo allemaal kan aantrekken!

8 Scheid de woorden op de juiste plaats en vind zo de Engelse vertaling van onderstaande woorden; schrijf de Engelse woorden netjes op de daarvoor bestemde regels en wel in de volgorde van de Nederlandse woorden:

1. jurk - pak - kleren - lange broek - (over)hemd - jasje - sokken - rok - trui - mantel

   clothesshirtjacketsweatersuitcoattrouserssocksskirtdress

   ....

   ....

Zelfde opdracht, maar dan voor de volgende accessoires:

2. portemonnee - pet - hoed - schoen - sjaal - das - zakdoek - handschoen - riem - paraplu

   cappursehattiebeltscarfgloveshoeumbrellahandkerchief

   ....

   ....

9 Omcirkel de juiste antwoorden:

1. Wat past niet in het rijtje?
   children - five - alive - die - child

2. Wat past niet in het rijtje?
   buy - live - mind - dry

3. Wat past niet in het rijtje?
   ideal - private - iron - spinach

4. **Right** rijmt niet op:
   rite - fight - eight - write

5. Hoe spreek je de **i** en **y** uit in **finally**?
   a. [i]/[i]   c. [i]/[aaj]
   b. [aaj]/[aaj]   d. [aaj]/[i]

De klank [aaj]

De klank **[aaj]** wordt meestal als volgt gespeld:
- **y** (bv. my)
- **ie** (bv. lie)
- **i** (bv. night, five, find)
- **eigh** (bv. height)

maar er zijn uitzonderingen...

Korte [i]- of lange [ie]-klank?

Hoe spreek je **i, ee, ea** uit?

Vaak klinkt de letter **i** kort, enigszins zoals in "dit" **[i]** (bv. slip)

en zijn de lettergroepen **ee** en **ea** lang zoals in "dier" **[ie]** (bv. sleep, meat).

10 **Zet de woorden in de juiste kolom volgens hun korte [i]- of lange [ie]-klank:**

seek - beach - shit - leek -
fill - seat - rid - bin - leave -
chip - sheep - sit - read -
sick - feel - ship - cheap -
live - bean - bitch -
sheet - lick

korte [i]	lange [ie]
....	....
....	....
....	....
....	....
....	....
....	....

11 **Omcirkel het passende woord:**

1. He is in hospital. He was **hit - heat** by a car.

2. Amanda **lives - leaves** in Japan now.

3. I usually **slip - sleep** very well at night.

4. He ate bad sushi and got very **sick - seek**. He almost died.

12 **In de volgende rijtjes worden twee woorden op dezelfde manier uitgesproken, één anders, hetwelk?**

1. leak - leek - lick

2. meet - meat - mate

3. ill - heel - heal

4. ceiling - sealing - sailing

5. still - steel - steal

Gefeliciteerd! Hoofdstuk 4 zit erop! Tijd om de icoontjes op te tellen en het resultaat over te brengen naar pagina 128 voor je eindevaluatie.

5

Modale hulpwerkwoorden

Modale hulpwerkwoorden

- **Functie:** modale hulpwerkwoorden drukken een bekwaamheid, mogelijkheid, nood-zakelijkheid, verplichting, waarschijnlijkheid, wenselijkheid,... uit.

- **Vorm:** ze hebben bij alle personen dezelfde vorm

- **Plaats: in een bevestigende zin →** voor de infinitief (bv. I/he/they must go); **in een vraag-zin →** voor het onderwerp (bv. can you come? / should we leave?) - zie verderop voor de ontkennende vorm

- **De belangrijkste modale hulpwerkwoorden en wat ze uitdrukken (bevestigende/vraagvorm):**

  - **can: bekwaamheid/vermogen, mogelijkheid** - kunnen (bv. I can speak German / we can go on foot) of **toelating** - mogen (bv. can I come with you?)

  - **could:** verleden tijd van **can** - kon(den), zou(den) kunnen, mocht(en), zou(den) mogen

  - **must:** moeten bij **veronderstelling** (bv. it must be nice to live by the sea) of **noodzake-lijkheid, gebod, verplichting** (bv. you must do your homework)

  - **should:** zou(den) (moet(en)) bij **raad, wens,...** (bv. you should work harder)

  - **may: mogelijkheid** (zowat 1 kans op 2) - kunnen (bv. it may rain this afternoon) of **toelating, wens** - mogen (bv. may I smoke?)

  - **would: voorwaardelijke wijs**, vaak met **if, if only** (bv. I would come if I could) en **indirecte rede** (bv. she said that she would come).

I Vul aan met *can, must, should, may, could* of *would*: 😊

1. You didn't sleep last night. You .... be very tired. Maybe you .... take a nap.

2. You don't have a choice, you .... speak English fluently to work in this company.

3. I .... help you with your exam if I ...., but I'm afraid I'm terrible at maths.

4. It .... rain, it's sunny but there are a few clouds. Don't you think we .... take an umbrella?

5. **Just for fun:** "If the British .... survive their meals, they .... survive anything." (GB Shaw)

Ontkennende vorm en bijzonderheden

– **can** ➜ **cannot** of **can't**; voor bekwaamheid/vermogen in de toekomst gebruikt men een vorm van **to be able to** + **infinitief** (bv. I will be able to speak fluently in a few months)

– **must** ➜ **must not** of **mustn't,** dat ook een **verbod** uitdrukt (bv. you mustn't smoke in a hospital); voor een noodzakelijkheid/verplichting in het verleden/de toekomst gebruikt men **to have to** in de verleden/toekomende tijd + **infinitief** (bv. I had to work all weekend / I will have to cancel my holiday)

– **should** ➜ **should not** of **shouldn't** (bv. you shouldn't smoke so much)

– **may** ➜ **may not**; voor een toelating in het verleden/de toekomst gebruikt men een vorm van **to be allowed to** + **infinitief** (bv. I was allowed to take photos in the museum / I will be allowed to bring my dog to the hotel)

– **would** ➜ **would not** of **wouldn't**; met **would like to** + **infinitief** wordt een **wens** uitgedrukt (bv. I'd like to come with you)

2 Rangschik de gegeven woorden om de vertaling te vormen van onderstaande zinnen:

1. Ze zei dat ze het zou doen.

➜ ....

do she would that said it she

come I to was allowed not

2. Ik mocht niet komen.

➜ ....

3. Zou je niet beter minder roken?

➜ ....

smoke not you less should ?

tonight like you out go to ? would

4. Zou je vanavond willen uitgaan?

➜ ....

5. Ik zal de boodschappen moeten doen.

➜ ....

the to do shopping have will I

3 **Zet de zinnen in de tijd die tussen haakjes staat:**

1. I will be able to arrive by 5 o'clock **(tegenwoordige tijd)**:

➜ ....

2. I must see a doctor about my allergies **(verleden tijd)**:

➜ ....

3. I will be allowed to leave work earlier **(tegenwoordige tijd)**:

➜ ....

4. May I call him ? **(toekomende tijd)**:

➜ ....

5. I will have to tell them **(tegenwoordige tijd)**:

➜ ....

Courante uitdrukkingen

Als je een aantal courante uitdrukkingen in de landstaal kent, verloopt de **sociale omgang** vlotter, uit je makkelijker je **mening**,... kortom, kom je minder kil, zelfs beleefder over. In de volgende oefeningen herhalen we een paar Engelse klassiekers.

4 **Zet onderstaande uitdrukkingen naast hun equivalent:**

later - get - thanks - see - bother

1. thank you = ...

2. excuse me = sorry to .... you

3. word gauw beter = ... well

4. tot later =
.... you ....

5 **Vul de ontbrekende letters aan om de vertaling te vinden / herschik de woorden om het antwoord te geven:**

1. Gefeliciteerd!   C _ _ G _ _ T _ L _ _ _ _ _ S!

2. Hoe gaat het met je?   _ _ _   _ _ _   YOU?

3. Bij een eerste ontmoeting zeg je: you/how/do/do? ....

4. Veel geluk! G _ _ D   L _ _ K!

5. Graag gedaan! (na een bedanking)
YOU'RE W _ _ CO _ _
of DON'T ME _TI_ _   IT
of NOT AT A _ _.

Hoe gaat het met je?

Veel geluk!

Gefeliciteerd!

6 Je kan op verschillende manieren vragen om te herhalen. Rangschik de voorstellen van heel beleefd naar familiair:

a. sorry?   **b. I beg your pardon?**   **c. could you repeat that, please?**   **d. what?**

.... > .... > .... > ....

7 Omcirkel de juiste oplossing(en):

1. Welke uitdrukking is niet het equivalent van **volgens mij**?
  a. at my view...
  b. I think...
  c. in my opinion...
  d. from my point of view...

2. Hoe zeg je **ik ga akkoord**?
  a. I am agree
  b. I am agreed
  c. I agree
  d. I am okay

3. Hoe zeg je **ik ga niet akkoord**?
  a. I disagree
  b. I'm not agreed
  c. I don't agree
  d. I'm disagreed

4. Voor je te kennen geeft dat je het niet eens bent, zeg je beleefdheidshalve:
  a. not at all
  b. never mind
  c. I'm afraid...
  d. I believe...

5. Welke uitdrukking betekent niet dat je zeker bent?
  a. I'm sure (about)
  b. I'm certain (about)
  c. I'm positive
  d. I'm biased

6. Welke uitdrukking betekent niet **ik denk/veronderstel**?
  a. I guess
  b. I suppose
  c. I bet
  d. I assume

De letter *a*

De letter **a** kan op verschillende manieren uitgesproken worden, o.a.:

- **[òò]** (bv. fall, talk)
- stomme **[e]** (bv. afraid, accept)
- een wat gesloten **[aa]** (bv. father)
- **[eej]** (bv. baby)
- tussen a en è **[æ]** (bv. cat)
- **[i]** (bv. cottage, vintage).

8 Beantwoord de volgende vragen:

1. Hoe klinken de 3 **a**'s in het woord **banana**?
1 [.....]   2 [.....]   3 [.....]

2. **Appreciate** rijmt op:
a. demonstrate
b. climate
c. mat

3. In welk woord klinkt de letter **a** niet als **[eej]**?
potato - fashion - apricot - April

4. Welk woord bevat een **a** die niet als een stomme **[e]** uitgesproken word?
again - agony - across - American

5. Wat past niet in het rijtje?
apple - traffic - final - rabbit

9 Zoek de indringer:

1. rugby - tune - reduction - cup

2. funny - mud - customer - ruby

3. put - full - cool - fudge

4. honey - monkey - some - open

5. blood - hood - enough - done

De [ü]-klank

De volgende letters of lettergroepen kunnen uitgesproken worden als een klank tussen de u in dus en de e in je **[ü]**:
- **o** (bv. love)
- **ou** (bv. tough)
- **oo** (bv. flood)
- **u** (bv. up, duck).

10 Vink de vakjes aan bij de woorden waarin je de [ü]-klank hoort:

1. ☐ destruction
2. ☐ hoover
3. ☐ luck
4. ☐ court
5. ☐ duke
6. ☐ god
7. ☐ moose
8. ☐ brother
9. ☐ rude
10. ☐ colour
11. ☐ rock
12. ☐ stuck
13. ☐ fool
14. ☐ seduction
15. ☐ rough

Uitspraak van de letters *j* en *g*

- De letter **j** klinkt altijd zoals in jazz of jungle **[dzj]** (bv. jar, enjoy, junior), net als de lettergroep **dj** (bv. adjust).

- De letter **g** kan uitgesproken worden als **[dzj]** aan het begin en in het midden van een woord evenals in de lettergroepen **gi, gy, ge, dge** (bv. ginger, energy, knowledge, cabbage) of zoals in goal of garçon **[G]** aan het begin, het einde of in het midden van een woord (bv. gold, game, finger, dog, fog); de lettergroep **gh** klinkt als **[G]** (bv. ghost), **[f]** (bv. laugh) of blijft onuitgesproken (bv. although).

Opmerking: in US-Engels begint de **lettergroep di** en **du** ook met **[dzj]** (bv. soldier, dual).

11 Schrap de woorden waarin je geen [dzj]-klank hoort:

1. journey / adjective / gene / bridge / gibbon
2. module / sleigh / majesty / soldier / gym
3. mileage / getaway / badger / subdue / adjoin
4. ageing / project / twig / dune / budget

12 Schrap de woorden waarin je geen [G]-klank hoort:

GATE argue spring monologue bagel germ giant

13 Schrap de woorden waarin je geen [f]-klank hoort:

weigh tough laugh rough enough though sigh borough cough

Gefeliciteerd! Je bent klaar met hoofdstuk 5! Tijd om de icoontjes op te tellen en het resultaat over te brengen naar pagina 128 voor je eindevaluatie.

Vormen met *to* en *-ing*

Met *to* of zonder *to*?

• **Zonder to:**

Gebruik de infinitief zonder to na een **modaal werkwoord** en **had better** (bv.: we must go/ we'd better go), de werkwoorden **to let** en **to make** (bv.: let him go / this film made me cry), de uitdrukking **why (not)?** (bv.: you look tired, why not take a holiday?).

• **Met to:**

- na **de meeste werkwoorden (geen hulpwerkwoorden)** die het realiseren van een (toe-komstige) actie uitdrukken (bv. to choose, decide, hope, love, promise, refuse, want), de **vraagwoorden who, what, where, maar niet why** (bv.: tell me what to do), **would like/prefer/hate/love** (bv.: I'd like to tell you something), het uiten van **een verplichting** (bv.: I have a lot of work to do), **hoeveelheden** zoals **enough, too much** (bv.: there was enough water to take a shower), **adjectieven die emotie uitdrukken** zoals **disappointed, glad, happy, pleased, relieved, sad, surprised, shocked, afraid** (bv.: I'm pleased to come with you)

- om bestemming (naar) of doel (om te) uit te drukken (bv.: I went **to** the supermarket **to** buy some milk).

1 Vink het juiste antwoord aan:

1. I was so happy … that you got married.   ☐ **a.** learn   ☐ **b.** to learn

2. It's getting late. We'd better … .   ☐ **a.** go   ☐ **b.** to go

3. I promise … an effort.   ☐ **a.** to make   ☐ **b.** make

4. We will tell you when … .   ☐ **a.** leave   ☐ **b.** to leave

2 Verbind het begin van de zin met de passende eindconstructie:

1. I let the children •

2. She was afraid •   • to go

3. Tell me where •   • go

4. They can •

BYE !

BYE !

De -ing-vorm

- **Vorming:** infinitief+**ing**

- **Gebruik:**

- als zelfstandig naamwoord, in de onderwerpsvorm (bv.: running is a healthy habit) of voorwerpsvorm (bv.: I like running); deze vorm komt vaak voor na werkwoorden zoals **to admit, avoid, consider, deny, enjoy, fancy, feel like, finish, mind, resist, risk, spend, stop, suggest** (bv.: I suggested going to the cinema), **voorzetsels** en bijwoorden zoals **to, without, of, at, for, before, after, by, about, instead of** (bv.: the idea of losing never crossed her mind), **werkwoorden met een partikel** zoals **to carry on, give up** enz. (bv.: he carried on reading), **can't stand** (bv.: I can't stand waiting)

- als bijvoeglijk naamwoord (bv. boiling water, a barking dog)

- als onvoltooid deelwoord in de present continuous (zie hoofdstuk 2) en past continuous (zie hoofdstuk 3)

---

3 Omcirkel het juiste antwoord:

1. Do you enjoy **(to swim - swim - swimming)** in the ocean?

2. They went for a walk instead of **(to watch - watch - watching)** a film.

3. She was pleased **(to see - see - seeing)** me.

4. Stop **(to make - make - making)** a noise!

5. He's so funny. He always makes us **(laugh - laughing - to laugh)**.

4 Onderstreep de zinnen waarin de werkwoordsvorm onjuist is:

1. To cook pasta is not as easy as it seems.

2. I don't want to go to the cinema.

3. Why not staying for dinner?

4. He spends most of his free time travel.

5. I don't mind to help you.

6. I don't feel like cooking tonight.

7. Do you enjoy to read detective stories?

8. To drink too much tea or wine can stain your teeth.

9. You can't make progress without making an effort.

10. Doing yoga makes her feel good.

11. He gave up smoking last year.

12. He denied to steal the car.

5 **Omcirkel de juiste constructie(s):**

1. Can you help me **moving - to move - move** the sofa?

2. It started **to snow - snowing - snow** during the night.

3. We heard your dog **bark - to bark - barking** all night long!

4. I hate **to cycle - cycling - cycle** in the city.

Bijzonderheden

- Het werkwoord **help** kan zowel met als zonder **to** staan (bv.: can you help me (to) wash the car?).

- Werkwoorden die perceptie uitdrukken zoals **hear, feel, see, watch** kunnen zonder **to** of met **-ing** staan (bv.: I saw her cry/crying).

- Werkwoorden die beginnen, voortduren of eindigen uitdrukken zoals **begin, start, stop, continue** en die appreciatie uitdrukken zoals **hate, like, love, prefer** staan met **to** of **-ing** (bv.: I like to play the piano - I like playing the piano).

Let's go shopping!

In verband met shopping ken je al het woord **shopping**. Well done, da's een goed begin! Maar kan je ook **slager, visboer, bakker** zeggen? Zou je je verstaanbaar kunnen maken in een winkel? We zoeken het uit in de volgende oefeningen. Eerst een grapje: "Most men hate to shop. That's why the men's department is usually on the ground floor of a department store - two inches from the door" (Rita Rudner). Nu ben jij aan de beurt!

6 **Omcirkel het juiste antwoord:**

1. Hoe vraag je **hoeveel het kost?**
   a. how much is it?
   b. how many is it?
   c. how does it cost?

2. Aan de kassa vraagt men **Do you have any change?** Men wil weten of:
   a. je een klantenkaart hebt
   b. je gepast geld hebt
   c. je met een kaart betaalt

3. **The sales** betekent:
   a. de voorraad b. de koopjes c. de verkopers

4. In de Verenigde Staten hoor je aan de kassa **Cash or charge?** Men wil weten of:
   a. je een identiteitbewijs hebt
   b. je een klantenkaart hebt
   c. je in baar geld of met een kaart betaalt

5. Om te vragen of een artikel in een andere maat bestaat, zeg je:
   a. is it in other sizes?
   b. do you have another sizes?
   c. does it come in other sizes?

7 Handelaars en handelszaken: vul het rooster in aan de hand van de definities; onze hulp hierbij bestaat uit de lijst met in te vullen woorden:

DELI
GREENGROCER
STORE
TOBACCONIST
PETROL STATION
SUPERMARKET
CHEMIST
FISHMONGER
FLORIST
LAUNDRETTE
GROCERY
HAIRDRESSER
BAKER
BUTCHER
JEWELLER
NEWSAGENT

Horizontaal

1. groenteboer
2. kapper
3. kruidenierswinkel
4. warenhuis(afdeling)/winkel
5. slager
6. visboer
7. juwelier
8. tabakswinkel

Vertikaal

A. supermarkt
B. bloemist
C. tankstation
D. wassalon
E. delicatessenzaak
F. verkoopt kranten, tijdschriften
G. bakker
H. apotheker/drogist

8 Achter de naam van een zaak staat doorgaans een weglatingsteken gevolgd door een letter, welke? Vul de zinnen aan, omcirkel dan de zaken waar geen letter nodig is:

1. I need to go to the baker'.... .
2. Did you go to the butcher'... ?

3. supermarket - chemist - florist - department store

9 Gebruik onderstaande woorden in de teksten:

check-out, labels, order, trolley, items, cashier, delivered, basket, carrier, costs, buy, refund, customers, convenient, prices, send

1. When you go shopping, you will need a .... or a .... bag if you do not have many things to buy. If you need to do your weekly shopping at the supermarket, you will need a .... Some .... are very careful about what they .... They read the .... and check .... , others see shopping as a real chore and want to do it as quickly as possible. When you are done with the shopping, you need to go to the .... Some of them are automatic now but many people still prefer to talk to a ....

2. Many people now shop online. Online shopping is .... as you do not need to move from your place. It can be done quickly too as you just click and put the .... you want into your shopping basket. The shipping .... are generally reasonable and your things are generally .... in just a few days. To place your .... you need to give your credit card number, that is why some people do not trust this kind of shopping. Online shopping can be a problem if you need to buy shoes and clothes because you can't try them on. As a consequence, you sometimes need to .... them back and ask for a ....

De klank [eej]

De klank **[eej]** (zoals in plebejer) wordt vaak geschreven als **a** (bv.: late, paste, Amy), **ei** (bv.: eight), **ey** (bv.: they), **ai** (bv.: rail), **ay** (bv.: way) en **ea** (bv.: great). Maar er zijn uitzonderingen…

Just for fun: om de uitspraak van deze klank te oefenen, kan je de bekende zin uit *My Fair Lady* herhalen: "The rain in Spain stays mainly in the plain".

10 In welke woorden hoor je de klank [eej] niet? Schrap ze!

1. rain - many - favourite - lemonade
2. Spain - says - degrade - available
3. mainly - heritage - impatient - fail
4. delicate - delay - saying - amazing
5. blame - claim - marriage - foray

De lettergroep *ea*

De lettergroep **ea** kan uitgesproken worden als **[è]** (bv.: head), **[eej]** (bv.: great), een soort lange gesloten **[aa]** (bv.: heart), **[ie]** (bv.: read), **[èè]** (bv.: wear).

II Zet onderstaande woorden bij het woord waarin de lettergroep *ea* op dezelfde manier uitgesproken wordt.

PEAR breathe clean SWEAT ahead
breath
peasant treasure ocean
swear steak bead year idea
bear hearth cleanse beard
create

De **ea** wordt uitgesproken zoals in:

1. head **[è]**: ....

2. great **[eej]**: ....

3. heart **[aa]**: ....

4. read **[ie]**: ....

5. wear **[èè]**: ....

6. anders: .... + ...

Gefeliciteerd! Ook met hoofdstuk 6 ben je nu klaar! Tijd om de icoontjes op te tellen en het resultaat over te brengen naar pagina 128 voor je eindevaluatie.

7
Imperatief, korte antwoorden en *question tags*

Imperatief

• **Vorming:**

  – in de **bevestigende vorm:** infinitief voor de 2^e persoon enkelvoud/meervoud (bv.: ga/gaat u/gaan jullie! ➜ go!), voor de andere personen **let** + persoonlijk voornaamwoord **me, him/her/it, us, them** + infinitief (bv. let her come ➜ laat haar komen / let's talk ➜ laten we praten / let them go to hell! ➜ dat ze naar de hel lopen!)

  – in de **ontkennende vorm:** don't/do not + infinitief voor de 2^e persoon enkelvoud/meervoud (bv. don't go ➜ ga/gaat u/gaan jullie niet weg), voor de andere personen **let** + persoonlijk voornaamwoord **me, him/her/it, us, them + not** + infinitief (bv. let her not speak ➜ dat ze niet spreekt / let's not be late ➜ laten we niet te laat zijn)

• **Gebruik:** net als in het Nederlands dient hij om bevelen te geven, suggesties te doen,...

1 Rangschik de woorden om onderstaande zinnen te vormen:

1. Laten we naar het restaurant gaan!	restaurant/us/the/let/to/go!	
2. Dat ze stil zijn!	quiet/let/be/them!	
3. Laten we daar niet over praten!	talk/us/about/not/that/let!	

2 Zet onderstaande zinnen in de imperatiefvorm:

1. We go on holiday together. ➜ ....

2. You do not give me orders. ➜ ....

3. They arrive on time. ➜ ....

4. We do not argue about silly things. ➜ ....

5. He doesn't smoke in the building. ➜ ....

Korte antwoorden

- als **bevestigend** of **ontkennend** antwoord op een vraag gebruikt men in het Engels de constructie **yes/no, onderwerp + hulpwerkwoord** in dezelfde tijd als de vraag (bv. do you like swimming? → yes, I do / have you eaten yet? → yes, I have / did you go to the cinema yesterday? → no, I didn't)

- als antwoord op een uitnodiging/voorstel, vergelijkbaar met **ja, graag** (bv. how about going to the restaurant on Sunday? → I'd love **to**)

- als vertaling van **ik vermoed/denk/hoop het** (bv. I suppose **so**/I think **so**/I hope **so.**

- als vertaling van **ik (jij,...) ook : so + (modaal) hulpwerkwoord + voornaamwoord** (bv.: I like tea, so does he / he has been to Berlin, so have I / I can swim, so can you) of van **ik ook niet (jij evenmin,...): neither + (modaal) hulpwerkwoord + voornaamwoord** (bv. you shouldn't come, neither should I / they didn't sleep last night, neither did I / I haven't done the shopping, neither have you)

Zo kan men wat gezegd werd kort herhalen, zonder de hele zin over te nemen.

3 Verbind telkens vraag en antwoord:

1. Is it going to rain? •
2. Have you got a pet? •
3. Will you come tonight? •
4. Does your sister smoke? •

- **a.** Yes, I have.
- **b.** No, she doesn't.
- **c.** I think so.
- **d.** I'd love to.

4 Beantwoord de vragen gebruik makend van de gegeven elementen, zoals in de voorbeelden:

Vb.: Have you ever been to Japan? (no) → No, I haven't.
Is he married? (yes - think) → Yes, I think so.

1. Did you go to the concert last night? **(no)** → ....

2. Do you think the weather will be fine? **(yes - hope)** → ....

3. Does she have a car? **(yes)** → ....

4. Is he English? **(no)** → ....

⑤ Herformuleer de vervolgzinnen in de zin van "ik ook (niet)" zoals in de voorbeelden:

Vb.: She has a headache. I have a headache too. → So have I.
I will not come. You will not come either. → Neither will you.

1. You are sad. I am sad too. → ....

2. He has been to Japan. I have been too. → ....

3. She didn't sleep well last night.
I didn't sleep well last night either. → ....

4. They can play the piano. I can play the piano too. → ....

5. You ate sushi for lunch. I ate sushi for lunch too. → ....

Question tags

• **Aard en functie:**

Question tags zijn korte vraagconstructies aan het einde van een zin. Ze worden veelvuldig gebruikt in het Engels **om bevestiging te vragen** (vgl. is het niet?, nietwaar?, toch?, hé?,...).

• **Vorming:**

Bevat de zin een **hulpwerkwoord**, **modaal hulpwerkwoord** of gewoon **werkwoord** in de bevestigende vorm, dan moet dit in de tag in de ontkennende vorm staan, en omgekeerd. In beide gevallen wordt dezelfde tijd behouden. Bevat de zin geen hulpwerkwoord, dan komt in de tag een vorm van **to do** i.p.v. het werkwoord.

Voorbeelden: she's 40, isn't she? / you like coffee, don't you? / you didn't go to the party, did you? / she doesn't like porridge, does she? / you can swim, can't you?

Bijzonderheden

• **Zinnen met have**

– **is have hulpwerkwoord** in de present perfect, dan komt **have** terug in de tag (bv.: she has been to Russia, hasn't she?)

– **drukt have bezit uit**, dan moet **do(es)/did** gebruikt worden in de tag (bv. we have plenty of time, don't we?)

– bij **have to**, dat overeenkomt met **must,** moet **do(es)/did** gebruikt worden in de tag (bv.: she had to leave, didn't she?)

• **Opmerkingen:**

– woorden als **no, none, rarely, never** maken de zin ontkennend, ook als het werkwoord in de zin in de bevestigende vorm staat (bv.: she has no pets, does she?)

– na een imperatief kan **will you?** of **would you?** gebruikt worden om iemand te vragen iets te doen

– na de imperatief **let's** is de tag **shall we?**

6 Vul aan met de passende tag:

1. Pass me the salt, ... ?

2. She doesn't have a boyfriend, ... ?

3. He went on holiday to Brazil, ... ?

4. Let's go bowling tonight, ... ?

5. I guess she has no choice, ... ?

NEE? hé?

is het niet?

toch?

NIETWAAR?

Landen

Herhaling: slechts een paar landsnamen staan met het lidwoord **the**, o.a. the United Kingdom, the USA, the Netherlands.

7 Rangschik de letters om de volgende landen te vertalen:

1. Duitsland: **YRAMENG** ....

2. Spanje: **IPASN** ....

3. Japan: **NAJPA** ....

4. Turkije: **RUTEYK** ....

5. Noorwegen: **WROYNA** ....

8 Omcirkel de juiste antwoorden:

1. Italië = ...
   a. Itally   **b**. Italia   **c**. Italy

2. Austria is voor ons ...
   a. Oostenrijk
   b. Australië
   c. IJsland

3. Zwitserland = ...
   a. Switserland
   b. Switzerland
   c. Swisserland

4. Denemarken = ...
   a. Denmark
   b. Danmark
   c. Denmarck

9 Scheid de woorden om de landen uit het Verenigd Koninkrijk op te noemen:

walesirelandenglandscotland

....

....

Nationaliteiten

• **Bijvoeglijke naamwoorden**

Ze eindigen meestal op **-sh/-ch** (bv.: French, Irish, English),
-ese (bv.: Chinese, Burmese) of **-an** (bv.: American, German).

• **Zelfstandige naamwoorden**

Er zijn drie grote groepen, herkenbaar aan hun uitgang:

– **-man/-men** bij de nationaliteitsadjectieven op **-sh/-ch** (bv.: an Irishman, two Irishmen);
er zijn wel apart te leren uitzonderingen (bv. Poland ➜ Polish ➜ a Pole); om een groep personen met een bepaalde nationaliteit aan te duiden, gebruikt men **the** + (onveranderlijk)
nationaliteitsadjectief (bv. the English - de Engelsen, the French - de Engelsen) of nationaliteitsadjectief + **people**, zonder **the** (bv.: English people, Chinese people)

– **-an/-ans** bij de nationaliteitsadjectieven op **-an** (bv.: he's an Australian, they're Austra-
lians / a Canadian, two Canadians)

– **-ese** zowel in het enkel- als in het meervoud (bv. a Chinese, the Chinese).

• **Opmerkingen:**

– nationaliteitsnaamwoorden (zelfstandige én bijvoeglijke) schrijft men, net als in het
Nederlands, met een hoofdletter

– een paar nationaliteitsnaamwoorden volgen bovenstaande regels niet, enkele ervan
vind je terug in de volgende oefening.

10 Omcirkel de juiste oplossing(en):

1. Duncan is from Edinburgh. He is…
  a. a Scots **b.** a Scot **c.** Scotish **d.** Scottish

2. Someone coming from Denmark is…
  a. a Danishman **b.** a Danish
  c. a Dane **d.** a Danese

3. … eat a lot of cabbage.
  a. The German **b.** German people
  c. The Germans **d.** Germanmen

4. Juan comes from Madrid. He is…
  a. Spanish **b.** a Spaniard man
  c. a Spaniard **d.** a Spanishman

**5. "If … gets run down by a truck he apolo-
gizes to the truck."** (Jackie Mason over de
legendarische beleefdheid van de Engelsen)
  a. an English **b.** an England man
  c. an Englishman

 **Vul aan met** *as* **of** *like*:

1. His sister looks .... the first lady.

2. She was hired .... a consultant.

3. I took two tablets a day, ... the doctor ordered. I feel better now.

4. You look beautiful, this dress fits you .... a glove.

5. He eats .... a horse!

As of *like*?

Twijfel je bij het vergelijken van twee elementen en het vertalen van **(zo)als**:

– **like** gebruik je bij **figuurlijke vergelijkingen**, voor een naamwoord of voornaamwoord (bv. he swims like a shark)

– **as** gebruik je bij **werkelijke vergelijkingen**, voor een werkwoordsconstructie (bv. nobody sings as he does), of als voorzetsel voor een naamwoord om een **beroep, functie** of **rol** aan te duiden ➜ in de hoedanigheid van (bv. he worked as a shop assistant for two years).

De lettergroepen *sh/ch*

De lettergroep **sh** klinkt als in meisje **[sj]** (bv. shine, shoe), **ch** als in tsjilpen **[tsj]** (bv.: cheese, child).

12 Zet onderstaande woorden in de tabel:

schoen - laken - friet - cheap - chop - ship - schaap - chew - cheat - winkel

NEDERLANDS / ENGELS	ENGELS / NEDERLANDS
1. schip ➜	6. chip ➜ ....
2. vals spelen ➜	7. sheet ➜ ....
3. goedkoop ➜	8. sheep ➜ ....
4. (fijn)hakken ➜	9. shop ➜ ....
5. kauwen ➜	10. shoe ➜ ....

Gefeliciteerd! Hoofdstuk 7 zit erop! Tijd om de icoontjes op te tellen en het resultaat over te brengen naar pagina 128 voor je eindevaluatie.

Zelfstandige naamwoorden

Meervoud

Doorgaans wordt het meervoud van een zelfstandig naamwoord gevormd met de uitgang **-s**. Maar er zijn uiteraard heel wat onregelmatige vormen:

- sommige zelfstandige naamwoorden veranderen hun klinker (bv.: foot ➜ feet)

- zelfstandige naamwoorden die eindigen op **x, s, sh** of **ch** krijgen de meervoudsuitgang **-es**, behalve nationaliteitsnamen (bv.: dish ➜ dishes)

- zelfstandige naamwoorden op **-y** krijgen de meervoudsuitgang **-ies**, behalve als er voor de **y** een klinker staat (bv.: baby ➜ babies, maar key ➜ keys)

- zelfstandige naamwoorden op **-f, -fe, -lf** hebben in het meervoud **-ves** (bv.: knife ➜ knives)

- zelfstandige naamwoorden op **-o** hebben in het meervoud **-oes** (bv.: tomato ➜ tomatoes)

- slechts **een paar naamwoorden** eindigen in het meervoud **niet op -s** (bv.: fish)

- sommige naamwoorden staan in het **Nederlands** in het enkelvoud, maar in het **Engels** in het meervoud (bv.: een short ➜ shorts)

- sommige naamwoorden **lijken meervoudsvormen** maar **staan met een werkwoord in het enkelvoud**, zo o.a. vakken op **-ics** (bv.: physics is not her favourite subject)

- sommige naamwoorden eindigen in het **enkelvoud** op **s** (bv.: the bike is a good means of transport)

- sommige **enkelvoudige** naamwoorden worden beschouwd als **collectieven** en staan meestal met een **werkwoord in het meervoud** (bv.: the police are looking for the murderer).

I Zet deze zelfstandige naamwoorden in het meervoud:

1. mouse: ....
2. tooth: ....

3. goose: ....
4. studio: ....

5. woman: ....
6. leaf: ....
7. lady: ....

8. wife: ....
9. man: ....
10. potato: ....

11. knife: ....
12. child: ....
13. wolf: ....

14. family: ....
15. sheep: ....
16. shelf: ....

Optelbaar of onoptelbaar?

• De meeste zelfstandige naamwoorden slaan op **telbare zaken** (bv.: one chair, two chairs, three chairs, etc.).

• Er zijn ook zelfstandige naamwoorden voor **ontelbare** zaken (bv.: rain):

– materialen, (grond)stoffen (bv.: glass, iron, velvet), voeding(swaar) (bv.: milk, toast, meat, bread, fruit), abstracte en algemene begrippen (bv.: fear, change, love, advice, evidence, progress, society), iets wat als een geheel beschouwd wordt (bv.: hair, furniture, luggage);

– ze staan **nooit** met het onbepaald lidwoord **a/an** noch met een cijfer noch in het meervoud (dus geen meervoudsuitgang en met een werkwoord in het enkelvoud, bv: his hair is grey)

– om van iets ontelbaars een eenheid of een hoeveelheid aan te duiden, maakt men gebruik van uitdrukkingen zoals **a piece of, a mode of, a kind of, a type of** en **some, little** of **much** (bv.: a piece of advice, some furniture, a lock of hair, a type of leather).

---

2 Welke van onderstaande zinnen zijn fout?

1. I had a fruit for dessert.
2. My pant is too large.
3. Her favourite class is economic.
4. This piece of equipment is old.
5. The toasts are delicious.
6. The rubbish is collected twice a week.
7. He showed a remarkable honesty.
8. I had three chewing-gums today.
9. There isn't much furniture in his flat.
10. I love sushi.
11. My luggages are heavy.
12. His politics is rather left-wing.

---

3 Verbind de "ontelbare naamwoorden" met de erbij passende aanduiding:

1. a bar of •
2. a slice of •
3. a pair of •
4. a bunch of •
5. a pinch of •

• **a**. trousers
• **b**. grapes
• **c**. chocolate
• **d**. salt
• **e**. bread

4 Omcirkel de juiste oplossing(en):

1. **a**. the pastas are good
   b. the pasta are good
   c. the pasta is good

2. The police have…
   a. two pieces of evidence
   b. an evidence
   c. evidences

Lichaamsdelen en gezondheid

Je weet dat **body** overeenkomt met **lichaam**. Maar hoe heten de lichaamsdelen ook weer? Een grapje als inleiding: "If your feet smell and your nose runs, you're built upside down." En nu is het jouw beurt!

5 Vul de schema's aan met behulp van de woordenlijstjes:

A.

neck / eye / cheek / nose / chin / mouth / hair / forehead / ear / throat

1 ....   6 ....
2 ....   7 ....
3 ....   8 ....
4 ....   9 ....
5 ....   10 ....

B.

foot / knee / head / shoulder / arm / chest / belly / fingers / hand / leg

1 ....
2 ....
3 ....
4 ....
5 ....
6 ....
7 ....
8 ....
9 ....
10 ....

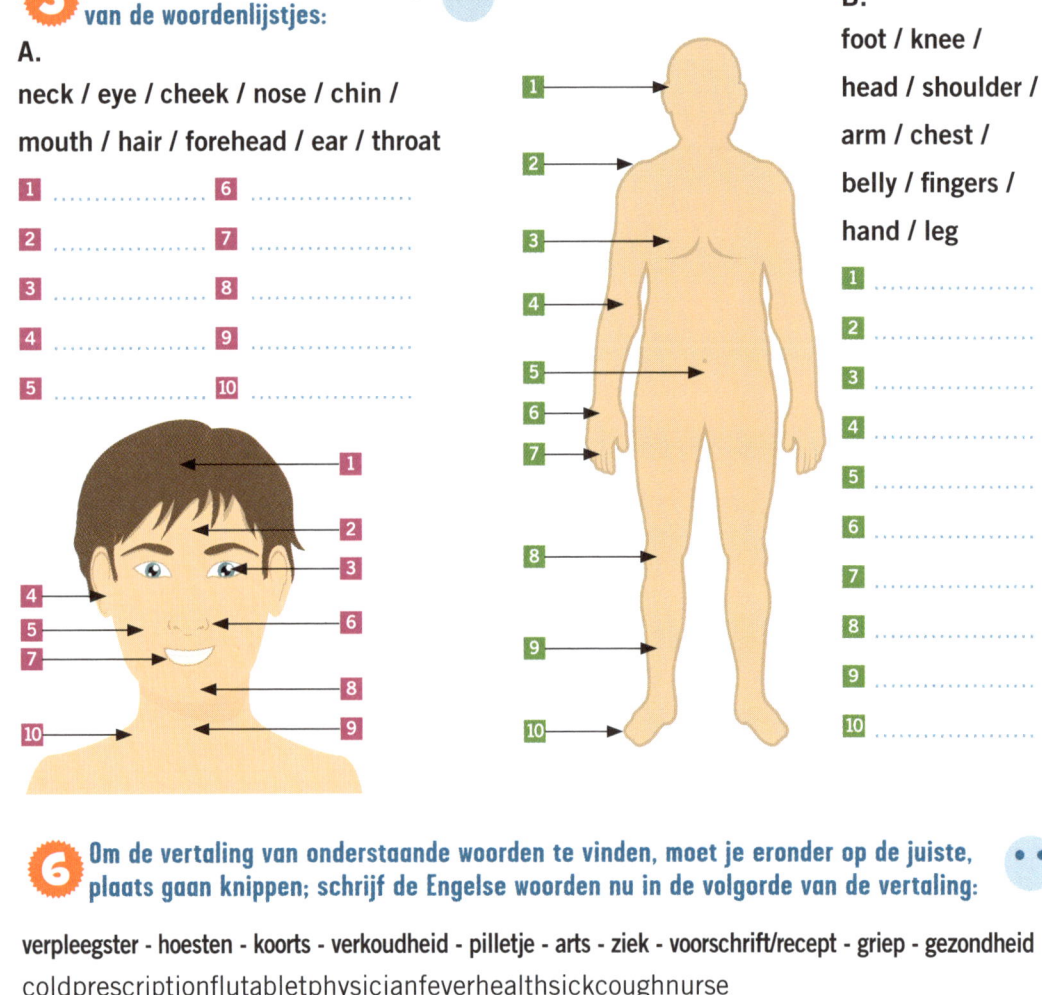

6 Om de vertaling van onderstaande woorden te vinden, moet je eronder op de juiste, plaats gaan knippen; schrijf de Engelse woorden nu in de volgorde van de vertaling:

verpleegster - hoesten - koorts - verkoudheid - pilletje - arts - ziek - voorschrift/recept - griep - gezondheid

coldprescriptionflutabletphysicianfeverhealthsickcoughnurse

....
....

7 Wat is het juiste antwoord?

1. Je hebt keelpijn: my…
   a. thraot is soar **b**. throat is sore
   c. throught is sour

2. Je hebt hoofdpijn:
   a. My head makes pain.
   b. I have a bad head.
   c. I have a headache.

3. Je hebt een loopneus: my nose is…
   a. butched **b**. heavy
   c. stuffed **d**. running

4. Je oor doet pijn: my ear…
   a. is ache **b**. hurts **c**. hearts **d**. pains

5. En welk voorstel is fout als je rugpijn hebt?
   a. I've got a backache.
   b. I've got a pain in my back.
   c. My back hurts.
   d. My back makes pain.

8 Wat betekenen de volgende letterwoorden?

1. **G.P.**
   a. General Practitioner
   b. Gynaecological Practice
   c. Genetic Profile

2. **TB**
   a. Tissue Biopsy
   b. Temporary Paralysis
   c. Tuberculosis

3. **AIDS**
   a. Acquired Immunodeficiency Syndrome
   b. Anaemia, Infection, Depression and Stress

4. **STD**
   a. Symptoms of Traumatic Disorder
   b. Sexually Transmitted Disease

5. **DNA**
   a. Deoxyribonucleic Acid
   b. Dehydration, Nausea and Amnesia

British of Yankee?

Het verschil tussen **Brits Engels** en **Amerikaans Engels** is duidelijk hoorbaar.
Er zijn ook verschillen in spelling, zoals bij woorden die in het Engels geschreven worden met **-our** maar in het Amerikaans met **-or** (bv.: neighbor, color, favorite).
En dan is er natuurlijk het verschillend woordgebruik, zoals uit de volgende oefeningen zal blijken.

 9 Vorm woordparen: geef elk Engels/Amerikaans woord zijn Amerikaanse/Engelse tegenhanger uit het lijstje:

holiday
fall
flat
cookies
truck
subway
cab

ENGELS

autumn
lorry
....
biscuits
underground
taxi

AMERIKAANS

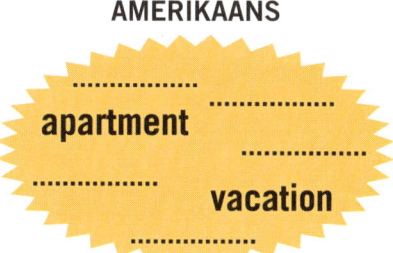

....
....
apartment
....
....
vacation
....

10 Vind de Engelse/Amerikaanse tegenhangers aan de hand van de aanwijzingen:

	Engels	Aanwijzingen	Amerikaans
1.	shop	ST • • E	
2.	jumper	SW • • • ER	
3.	football	SO • • ER	
4.	stupid	DU • •	
5.		• • GRY	mad

11 Verbind de Engelse woorden met hun Amerikaanse tegenhanger:

1. bill •   • **a**. check
2. lift •   • **b**. movie
3. trainers •   • **c**. elevator
4. film •   • **d**. French fries
5. chips •   • **e**. sneakers

De klank [òò]

De volgende letter(combinatie)s kunnen als **[òò]**, een lange open o, uitgesproken worden: **aw, au, or, a, oar, ou, oo** (bv.: raw, taught, daughter, born, war, roar, bought, door). Maar dit gebeurt dus niet systematisch…

12 In welk woord hoor je geen [òò]-klank?

1. torn - soar - wood - corn
2. laugh - caught - fought - board
3. scorn - favour - boar - floor
4. thorn - thought - law - flour

13 Omcirkel de drie woorden waarin je de klank [òò] hoort:

FOOL   **awful**   **born**

out   **sought**   **wolf**

De klank [oe]

De **[oe]**-klank wordt veelal geschreven als **ew, oo, ue, ui, ou, u, oe** (bv.: flew, spoon, blue, fruit, group, flu, shoe). Maar dit gebeurt dus niet systematisch...

14 Zoek de indringer:

1. cook - look - full - hour

2. zoo - crew - bubble - true

3. cool - glue - suit - toe

4. soup - flood - rude - cruise

15 Omcirkel de vijf woorden waarin je de klank [oe] hoort:

rude

juice

soon

blood

pour

biscuit

drew

foul

sue

16 Vink aan of de stellingen juist of fout zijn:

1. **Drew** rijmt op **you** en **blue**. ☐ JUIST ☐ FOUT

2. **Put** rijmt op **cut**. ☐ JUIST ☐ FOUT

3. **Flour** rijmt op **sour** en **hour**. ☐ JUIST ☐ FOUT

4. Je hoort een [oe] in **pool** en **pull**. ☐ JUIST ☐ FOUT

Gefeliciteerd, je hebt hoofdstuk 8 helemaal af! Het is nu tijd om de icoontjes op te tellen en het resultaat over te brengen naar pagina 128 voor je eindevaluatie.

Lidwoorden

Gebruik geen lidwoord voor...

... **meervoudsvormen die een algemeenheid aanduiden** (bv.: I'm afraid of snakes); **ontelbare zaken** (bv. life, water, bread, wood) **die een algemeen idee uitdrukken** (bv.: love is complicated, wood is used to make furniture); **eigennamen** en **officiële titels** (bv.: President Obama, Queen Elizabeth); **landsnamen** (bv.: Belgium, France, Germany) **behalve** the Netherlands, the United Kingdom, the USA,... ; **plaatsen** en **namen** van **instellingen** beschouwd vanuit hun functie (bv.: school, hospital, work, prison, home), **genummerde zaken** (bv.: page 60), **sporttakken** (bv.: I played football when I was a child), **uitdrukkingen met all** (bv.: all day, all night long), **last** en **next** (bv.: I went to China last year).

1 Vink de juiste aanvulling aan:

1. It's cold today. Don't leave the house without ... coat. ☐ Ø ☐ a ☐ the

2. ... animals are not allowed in the building. ☐ Ø ☐ the

3. They are getting married. What ... wonderful surprise! ☐ Ø ☐ a ☐ the

4. It would be impossible to live without ... Internet today. ☐ Ø ☐ the

5. His wife doesn't have ... sense of humour. ☐ Ø ☐ a ☐ the

2 Vul de vertalingen aan met een lidwoord of noteer Ø:

1. **Is je papa thuis?**
→ Is your dad .... home?

2. **Paul heeft vorige week een auto gekocht.**
→ Paul bought a car .... last week.

3. **Ik neem de metro om te gaan werken.**
→ I take .... underground to go to work.

4. **Ze haat het in de regen te lopen.**
→ She hates to walk in .... rain.

Gebruik het bepaald lidwoord *the* bij...

... **iets dat bekend is** of uit de context **af te leiden is** (bv.: where is the cat? → de mijne, de onze); **zaken die deel uitmaken van ieders ervaring** (bv.: the bus, the dentist); namen van **natuurelementen** (bv.: the weather, the sun); **vormen van ontspanning** (bv.: the theatre, the cinema, the radio, behalve Ø television); **wetenschappelijke ontdekkingen** (bv.: the computer has become vital); **muziekinstrumenten** (bv.: he plays the guitar).

Gebruik het onbepaald lidwoord *a/an* bij...

... **iets dat niet bekend of identificeerbaar is** (bv.: I need a knife → eender welk, niet een in het bijzonder); **namen van beroepen, functies en status** (bv.: she is a teacher, he is here as an official, don't use your knife as a toothpick); bepaalde "**eigenschappen**" (bv.: a Catholic, a vegetarian, a lesbian); **uitdrukkingen voor "zonder + naamwoord"** (bv.: it's hard to live without a car); **uitroepen** (bv.: it's such a beautiful car!, what a nice car!), **bepaalde uit het hoofd te leren uitdrukkingen** (bv.: to be in a coma, to make a fire).

3 **Zoek de fouten en verbeter ze:**

1. Her husband is an architect. What beautiful house they have!

   → ....

2. The baby has fever, he cried all the night.

   → ....

3. The religion can be a problem in couples. His mother doesn't like that his wife is a Protestant.

   → ....

4. We're in the room 35.

   → ....

5. The chocolate that we bought yesterday is delicious. I love the milk chocolate.

   → ....

4 **Vul de zinnen aan met de lidwoorden *a(n)* of *the* of noteer Ø:**

1. She plays .... piano.

2. .... President Kennedy was killed in Dallas.

3. I can't play .... tennis.

4. I generally don't like .... glasses but I love .... glasses you're wearing.

5. **Just for fun:** "I can resist everything except .... temptation." (Oscar Wilde)

Courante spreekwoorden en uitdrukkingen

Verwar je **I don't mind** met **I don't care**? Wat betekent **You can't have your cake and eat it, Bless you, Never mind, What a pity**? Je hebt deze idiomatische uitdrukkingen ongetwijfeld al gehoord, maar herinner je je hun betekenis nog? Even checken!

5 Vind de tegenhanger(s) van onderstaande uitdrukkingen:

1. **In een oogwenk**
   a. An eye for an eye
   b. In a pig's eye
   c. In the blink of an eye
   d. Easy on the eye

2. **Makkelijk als wat**
   a. As easy as ABC
   b. Easy come easy go
   c. Easy touch
   d. As easy as pie

3. **'t Komt in orde**
   a. It's in the bag
   b. It's in the pocket
   c. It's a no-loser
   d. It's a raw deal

6 Verbind de spreekwoorden met hun Nederlandse tegenhanger:

1. Like father like son •
2. That's the way the cookie crumbles •
3. Better safe than sorry •
4. To be in a pretty pickle •
5. You can't have your cake and eat it •

• a. Beter voorkomen dan genezen
• b. Je kan niet alles hebben
• c. In een benarde situatie zitten
• d. Zo is het leven nu eenmaal
• e. Zo vader zo zoon

7 Gebruik de gegeven woorden om de vijf spreekwoorden aan te vullen:

camel
tea
bush
way
fish

Engels spreekwoord	Nederlands equivalent
1. Where there's a will there's a	Waar een wil is, is een weg
2. There are plenty of .... in the sea	Voor hem/haar tien anderen
3. For all the .... in China	Voor alle goud in de wereld
4. It's the straw that breaks the ....'s back	Dat is de druppel die de emmer doet overlopen
5. To beat about the	Rond de pot / om de zaak heen draaien

8 **Vul de ontbrekende letters aan in de spreekwoorden:**

Engels spreekwoord	Nederlands equivalent
1. To paint the town r _ _	De bloemetjes buitenzetten
2. Boys will be b _ _ s	Jongens zijn nu eenmaal jongens
3. Practice makes per _ _ ct	Oefening baart kunst
4. It's just p _ _ in the sky	In de hemel eten ze rijstpap met gouden lepeltjes

9 **Wat is de juiste vertaling?**

1. Bless you!
　a. Gezondheid!
　b. Ik mis je!
　c. Hoepel op!

2. I'm positive.
　a. Ik ben optimistisch.
　b. Ik ben het ermee eens.
　c. Ik ben er zeker van.

3. To give a hand
　a. Op een huwelijksaanzoek ingaan
　b. Helpen
　c. Slaan

4. Het stoort me niet.
　a. I don't matter.
　b. I don't care.
　c. I don't mind.

5. Het kan me niet schelen.
　a. I don't matter.
　b. I don't care.
　c. I don't mind.

10 **Verbind de uitdrukkingen met hun Nederlandse tegenhanger:**

1. Look out! •   • **a**. Da's lang geleden!

2. Never mind! •   • **b**. Ik ben het beu!

3. I'm fed up! •   • **c**. Wat jammer!

4. What a pity! •   • **d**. Let op!

5. Long time no see! •   • **e**. Het geeft niet!

Woordenschat voor op reis en op vakantie

To travel is het werkwoord "reizen".

Voor "een reis" kan je niet *a travel* zeggen (het is zgn. ontelbaar), maar moet je gebruik maken van **a trip** (voor een eerder korte reis) of **a journey** (voor een langere reis).

"Op reis gaan" is **to make/take a journey/trip** of **to go on a journey/trip**.

 Gebruik onderstaande woorden in de tekst:

travel, airport, train, departure, luggage, ticket, plane, flight, passport, check, hotel, rent, guide, map, museums, castles, monuments, postcards, bike, foot, guesthouse, sightseeing, travel agency, package, camping

1. You can .... for work or for pleasure, by car, by .... or by .... If you go abroad, you'll need a .... and will generally fly there. You can buy your .... online. You'll need to get to the .... a few hours before the .... , to register your .... and go through the security .... Let's hope you won't get sick during the .... !

2. When going on holidays, those who do not want to book a .... or deal with transport go to a .... and choose a .... holiday. Those who like nature generally go .... and sleep in a tent. Many people go .... , which means that they want to see all the interesting places like .... , ... and .... They generally .... a car, or they just go by .... or on .... and visit the places with a .... book and a street .... To show their families and friends what they are visiting, people like to send .... Hotels are sometimes seen as a bit cold and impersonal, that's why more and more people like to stay at a ....

 Welk woord past niet in het rijtje?

1. food - door - moose - too
2. mood - blood - goose - wood
3. floor - book - good - soot

De lettergroep *oo*

De lettergroep **oo** kan uitgesproken worden als **[oe]** (bv.: school), als **[òò]** (bv.: door) en soms als **[ü]**, een klank tussen onze gesloten u en stomme e (bv.: flood).

13 Zet onderstaande woorden naast het woord met dezelfde klank:

courage **announce**

journal **SOUTH**

young **soup** **your**

trouble **account** **couple** **course**

pour **enormous** **you** **brought**

tourist **country**

De **ou** wordt uitgesproken zoals in:

1. thousand **[au]**: ....

2. four **[òò]**: ....

3. group **[oe]**: ....

4. enough **[ü]**: ....

5. journey **[öö]**: ....

6. famous **[e]**: ....

14 De lettergroep *ou* wordt op dezelfde manier uitgesproken, juist of fout?

1. courage - double - trouble ☐ JUIST ☐ FOUT

2. about - shout - mouse ☐ JUIST ☐ FOUT

3. through - resource - youth ☐ JUIST ☐ FOUT

? ? ?

Gefeliciteerd, hoofdstuk 9 zit erop! Tijd om de icoontjes op te tellen en het resultaat over te brengen naar pagina 128 voor je eindevaluatie.

Hoeveelheden bepalen

Om met het juiste woord te bepalen hoeveel er van iets is, moet je weten of dat iets telbaar (**telb.**) is of ontelbaar (**ontelb.**).

- **geen (enkel): not any/no + telb. of ontelb.** (bv.: I have no pets - I don't have any pets / I have no money - I don't have any money)

- **weinig: little + ontelb.** (bv: there's little milk left) of **few + telb. meervoud** (bv.: few shops sell this type of coffee)

- **een beetje, wat,...: a little + ontelb.** (bv.: I like a little cheese on pasta) of **a few + telb. meervoud** (bv.: he ate a few cookies)

- **wat, een stuk/aantal/paar,...: some + telb. of ontelb.** in de bevestigende vorm (bv.: I need some fruit to make a salad), **any + telb. of ontelb.** in de ontkennende en vraagvorm (bv.: do you have any brothers and sisters? / I don't have any money)

- **veel, heel wat,...: much/a lot of + ontelb.** (bv.: I have much/a lot of work), **many/a lot of/lots of + telb. meervoud** (bv.: she has many cats / there were lots of people at the concert) of **plenty of + telb. of ontelb.** (bv.: there are plenty of irregular verbs)

- **al (de/het), alle: all the + ontelb.** (bv.: I drank all the water), **all (the) + telb. meervoud** of **every + telb. enkelvoud** (bv.: all my friends are married / I need to take two tablets every hour)

- **te veel: too much + ontelb.** (bv.: don't put too much sugar in my coffee, please) of **too many + telb. mv.** (bv.: there are too many books to read!)

1 **Verbeter de fouten die in de zinnen zijn geglipt:**

1. I need any milk.
2. I have little time, only a few minutes.
3. Do you have some change?
4. I need a few chairs.
5. Have you seen anyone you know?

6. He doesn't have some friends.
7. I'd like a little peanuts and a little water.
8. We have plenty of time.
9. The children have had too much sweets.
10. She always has a lots of cash in her bag.

2 **Vul aan met *some, many, any of a little*:**

1. "With .... help from my friends" is a song by the Beatles.

2. How .... people have you invited?

3. This cake looks delicious. I'd like ....

4. Is there .... news?

Meer hoeveelheidbepalers

- **heel de/het, de/het hele, alle: all the** + telb. of ontelb. ev. of mv. of **a/the whole** + telb. ev. (bv.: I ate all the sweets / I ate all the cake / I ate the whole cake)

- **beide, de twee: both** (verenigt) **/ the two** (differentieert) (bv.: the two sisters are very different / both sisters speak Chinese)

- **verscheidene, een paar,...: several** + telb. mv. (bv.: many people have several cars nowadays)

- **genoeg, voldoende: enough** (bv.: there is not enough water / there are not enough chairs / this beer is not cold enough)

- **de helft van de/het: half (of) the** + telb. mv. of ev. of ontelb. (bv.: half (of) the people interviewed had no opinion / half (of) the information was wrong)

- **nog een: another** + telb. (bv.: these apples are delicious, I'd like another one)

- **of(wel)/hetzij ... of(wel)/hetzij ... : either ... or ...** + telb. of ontelb. (bv.: you can have either cheese or cookies)

- **noch ... noch ... : neither ... nor ...** + telb. of ontelb. (bv.: I'm not very hungry, I want neither cheese nor cookies)

---

3 Vul aan met *too much, all, enough, a few* of *no*:

1. The Police have .... information to catch the killer.

2. There are .... slices of pizza left in the fridge.

3. She watches TV .... the time.

4. The acronym T.M.I. means "........................ information".

5. Don't worry. There is .... cause for alarm.

4 De omcirkelde woorden staan verkeerd. Verwijs ze met een pijltje naar hun plaats in de passende zin:

1. We'll never be ready.
   We don't have (all) time.

2. Would you like (enough) beer ?

3. Don't believe (both) the things she says !

4. I can't choose. I like (another) cars.

5 **Vul de zinnen aan met een van onderstaande elementen:**

many / both / the whole / either... or / every / several / plenty of / half

1. You can have .... cheese .... dessert, not ....

2. I know they have .... children but I can't remember how .... exactly. I think they have three.

3. I was so hungry I ate .... cake and .... of the watermelon all by myself.

4. .... driver should know how to change a wheel.

5. Stay for dinner, I've made .... food!

Getallen, maten,...

One hundred of **one thousand**? **Fifty** of **fifteen**? Hoe zeg je **1995**? Hoeveel is een **mile** of een **pint**? Met de volgende oefeningen herhaal je de Engelse getallen, maten, gewichten,...

6 **Beantwoord de volgende vragen:**

1. Vervolledig de getallen:
   a. **30 → thir**...........
   b. **13 → thir**...........

2. **a**. **100** **→ one** ....
   b. **1000 → one** ....

3. **1956** spreek je uit als:
   a. ninety fifty-six
   b. nineteen fifty-six
   c. nineteen fifteen-six

4. Hoe zeg je **30,000**?
   a. thirty
   b. thirty thousands
   c. thirteen thousands
   d. thirty thousand

5. Hoe zeg je **3.5**?
   a. three dot five
   b. three point five
   c. three spot five

6. Hoe zeg je **205** in de zin "there were 205 people in the room"?
   a. two o five
   b. two hundred and five
   c. two hundred five

7. In welke van de volgende zinnen staat een fout?
   a. there were two thousands people at the concert
   b. thousands of soldiers were killed in this war

8. Hoe zeg je **7.2 %**?
   a. seven point two percent
   b. seven dot two percents
   c. seven point two per cent

9. Hoe zeg je **2005**?
   a. two thousand and five
   b. two thousand five
   c. twenty thousand five

7 Zet *th*, *st*, *rd* of *nd* achter de rangtelwoorden om de eerste, de tweede, enz. te vertalen en vul verder aan in letters:

	Nederlands	Engelse afkorting	Engels in letters
1.	de 1^e	the 1.......	the ....
2.	de 2^e	the 2.......	the ....
3.	de 3^e	the 3.......	the ....
4.	de 12^e	the 12.......	the ....
5.	de 18^e	the 18.......	the ....

8 Kies het juiste antwoord:

1. 1 mile is ongeveer…

a. 1 km
b. 1,6 km
c. 160 m
d. 16 km

2. 1 inch is ongeveer…

a. 2,5 cm
b. 50 cm
c. 25 cm
d. 2,5 m

3. 1 foot is ongeveer…

a. 3,5 cm
b. 3,5 m
c. 350 m
d. 30,5 cm

4. Hoeveel is 1 pound?

a. ongeveer 4,5 kg
b. ongeveer 450 g
c. ongeveer 45 g

5. Een Engelse pint is ongeveer…

a. 25 cl
b. 55 cl
c. 33 cl
d. 1 l

6. One gallon is ongeveer…

a. 40 l
b. 4 l
c. 40 cl

9 Vul aan:

1. 1/2: one _ _ L _
2. 1/3: one _ H _ _ D
3. 1/4: one Q _ A _ T _ R
4. 1/10: one _ _ N T _

Wat is juist?

5. Een op de drie (zoals in de zin "een kind op de drie eet op school"):
a. one on three
b. one out of three
c. one in three

10 Lees de tekstballonnen en beantwoord de vragen:

> My phone number is
> one, o six o, eight nine o, seven
> o f·ve three and my email
> address is blue haired john
> at gmail dot com

1. Noteer Johns telefoonnummer in cijfers: ....

2. Schrijf zijn e-mailadres op: ....

> My phone number is
> 02 00 22 96 09.
> My email address is
> CTboy@hotmail.com

3. Noteer Toms telefoonnummer zoals je het zou uitspreken:

....

4. Schrijf zijn e-mailadres op zoals je het zou uitspreken:

....

11 Vul de tabel aan: zet de hoofdletters in de juiste volgorde om de volgende woorden te vertalen:

1.	eenmaal	EONC	
2.	tweemaal	IETWC	
3.	driemaal	THREE SEMIT	
4.	vijfmaal	VIEF ITSME	
5.	twintigmaal	WTETYN MESTI	

De letter *u*

De letter **u** klinkt soms tussen gesloten u en stomme **[ü,]** (bv.: duck), als **[oe]** (bv.: put) of **[joe]** (bv.: unite), als stomme **[e]** (bv.: focus), als in fr**e**ule **[öö]** (bv.: surface).

12 Zet de volgende woorden bij het woord waarin de u hetzelfde klinkt:

bull universal urban SECURE jury urge virus bury nut unique figure luck immature cure full bonus university OCCUR summer sun

De letter **u** wordt uitgesproken zoals in:

1. put **[oe]:** ....

2. duck **[ü]:** ....

3. unite **[joe]:** ....

4. focus **[e]:** ....

5. surface **[öö]:** ....

Één woord heeft een andere uitspraak:

6. ....

13 Omcirkel de woorden waarin de letter u niet uitgesproken wordt:

biscuit useful fortunate January guess universal build luggage buy guardian

Gefeliciteerd! Hoofdstuk 10 zit erop! Tijd om de icoontjes op te tellen en het resultaat over te brengen naar pagina 128 voor je eindevaluatie.

11

Trappen van vergelijking

De comparatief

De comparatief (of vergelijkende trap) heeft 4 vormen:

- **verkleinend (...er / minder ... dan): ...er** (bij een kort bijv. nw.) **/ less ...** (bij een lang bijv. nw.) **than** (bv.: my car is cheaper / less expensive than yours) of **not so/as ... as** (bv.: your car is not as cheap / not so expensive as mine)

- **gelijkheid (even ... als): as ... as** (bv.: Amy is as pretty/talkative as her sister)

- **vergrotend (...er / meer ... dan): ...er** (kort bijv. nw.) **/ more ...** (lang bijv. nw.) **than** (bv.: this exercise is easier than the previous one / this film was more interesting than I thought)

- **dubbele comparatief** om te zeggen:

  - **"steeds meer":** ...er **+ and +** ...er bij een kort bijv. nw. (bv.: computers are cheaper and cheaper) of **more and more** bij een lang bijv. nw. (bv.: petrol is more and more expensive)

  - **"steeds minder": less and less** + kort of lang bijv. nw. (bv.: he is less and less shy/careful).

Let op: een paar bijvoeglijke naamwoorden heeft een onregelmatige vergrotende trap, o.a. **well/good → better** en **bad → worse**.

Opmerking: korte bijvoeglijke naamwoorden zijn die met één lettergreep (bv.: nice, kind, shy) evenals die met twee lettergrepen en uitgaand op **-le**, **-y**, **-er**, **-ow** (bv.: noble, noisy, clever, narrow).

I Gebruik de juiste comparatiefvorm, waar nodig met *than/as*:

1. You're driving too fast, you should be .... **(+ careful)**

2. This concert was .... the one we went to last year.
   (– spectacular)

3. My computer is .... yours. **(+ old)**

4. The problem is not .... it seems. **(= serious)**

5. Statistics show that it's .... to travel by plane than by car.
   (– dangerous)

2 **Vorm de dubbele comparatief:**

1. He has put on a lot of weight. He looks ....
(**++ big**)

2. He no longer likes his job. He is ....
(**– – motivated**)

3. I am .... I really need a holiday.
(**++ tired**)

4. Things are improving. They are getting ....
(**++ good**)

De superlatief

De superlatief (of overtreffende trap) heeft 2 vormen:

- **verkleinend (de/het minst ...): the least** + kort of lang bijv. nw. (bv.: this is the least long/interesting article I've ever read)

- **vergrotend (de/het meest ...): the ...est** (kort bijv. nw.) (bv.: this is the nicest restaurant in town) of **the most** + lang bijv. nw. (bv.: he is the most annoying person I've ever met).

Let op: de paar bijvoeglijke naamwoorden met een onregelmatige comparatief hebben ook een onregelmatige superlatief, o.a. **well/good → the best** en **bad → the worst**.

3 **Gebruik de juiste superlatiefvorm:**

1. Don't go there, it's the .... pub in all Dublin. (**bad**)

2. This film was not a success. In fact, it was the ....
of all. (**successful**)

3. Mr Burns is the .... man in Springfield. (**rich**)

4. You never know what she's thinking. She is the ....
woman I know. (**mysterious**)

5. My stay in Venice was wonderful. It was the .... time
of my life. (**happy**)

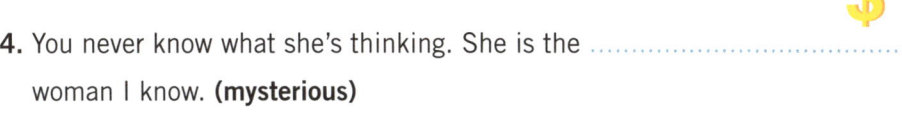

4 Rangschik de elementen zodanig dat je de vertaling van onderstaande zinnen krijgt:

1. ambitious/he/know/is/least/the/man/I.
(Hij is de minst ambitieuze man die ik ken.)

➜ ....

2. up/earlier/I/wake/earlier/and.
(Ik word steeds vroeger wakker.)

➜ ....

3. world/snake/most/this/in/dangerous/the/is/the.
(Dit is de gevaarlijkste slang ter wereld.)

➜ ....

4. refined/as/sparkling/not/wine/is/as/champagne.
(Schuimwijn is niet zo verfijnd als champagne.)

➜ ....

Spreekwoorden, uitdrukkingen,...

Ken je het equivalent voor "blind als een mol"? Wat bedoelt men met **six feet under**? Je weet het of je weet het niet. Met een letterlijke vertaling dreig je de mist in te gaan... Laten we een paar spreekwoorden en idiomatische uitdrukkingen herhalen waarbij alleen de losse woorden in het woordenboek opzoeken niet altijd volstaat. Hou je pen klaar!

5 Scheid de woorden op de juiste plaats om de beeldspraak te verklaren en schrijf de uitdrukking dan netjes op zoals in het voorbeeld:

	Visuele tip	Te scheiden tekst + vertaling	Engelse uitdrukking
Vb.	DAY DAY	day/in/day/out = dag in dag uit	day in, day out
1.		**onceinabluemoon** = uiterst zelden	
2.		**asblindasabat** = blind als een mol	
3.		**letthecatoutofthebag** = zijn mond voorbijpraten	
4.		**sixfeetunder** = dood	

Courante adjectieven en werkwoorden

Ken je de meest gebruikte Engelse bijvoeglijke naamwoorden en werkwoorden? Twijfel je na "I am..." of erger nog, na "I..."? Zo ja, dan is de boodschap duidelijk: hoog tijd om aan de hand van de volgende oefeningen de nodige bagage op te doen om je overal te kunnen redden!

6 **Zet de bijvoeglijke naamwoorden naast hun definitie:**

funny - angry - handsome - beautiful - proud - cheerful

1. Causing laughter → ....
2. Having excessive self-esteem → ....
3. Good-looking (for a man) → ....
4. Good-looking (for a woman) → ....
5. Happy, enthusiastic → ....
6. Furious, irritated → ....

7 **Scheid de woorden op de juiste plaats om de Engelse vertaling van onderstaande adjectieven te vinden, schrijf ze in de Nederlandse volgorde op:**

bedroefd - egoïstisch - saai - lui - gul

sorryboringgenerouslazyselfish

→ ....

8 **Herschik de letters om de vertaling van de adjectieven te vinden:**

1. verlegen: **YSH** ....
2. eenzaam: **ELONYL** ....
3. stil: **TIQUE** ....

4. vriendelijk: **DINK** ....
5. grof: **DURE** ....
6. praatgraag: **TIVEAKLAT** ....

9 **Omcirkel de vertaling van de volgende adjectieven:**

1. **easy-going**
   a. goed berijdbaar
   b. vlot verlopend
   c. makkelijk in de omgang

2. **disappointed**
   a. benadeeld
   b. teleurgesteld
   c. in de war

3. **moody**
   a. humeurig
   b. houterig
   c. modieus

4. **clumsy**
   a. rumoerig
   b. klonterig
   c. onhandig

5. **careless**
   a. voorzichtig
   b. onachtzaam
   c. oplettend

6. **understanding**
   a. onderdanig
   b. verstaanbaar
   c. begripvol

10 Gebruik deze werkwoorden in de zinnen:

hope, agree, forgive, believe, need, wait, understand

1. I'm so sorry. Please, ... me.

2. The train was late. I had to .... for one hour.

3. I .... help. Could you give me a hand?

4. I .... it won't rain this afternoon. We're going for a walk.

5. Do you .... in God?

6. I don't .... what you mean. Could you be more specific?

7. I usually .... with you, but this time I think you are wrong.

11 Rangschik de letters om de vertaling van de werkwoorden te vinden:

1. vertrouwen: to **USRTT** ....

2. zich afvragen: to **REDNOW** ....

3. vergeten: to **TEGFOR** ....

4. tonen: to **HSOW** ....

12 Vink het juiste antwoord aan:

1. In welk woord klinkt de **s** zoals in **base**?

☐ case ☐ because ☐ closure ☐ sugar

2. In welk woord klinkt de **s** zoals de eerste 2 in **possess**?

☐ crisis ☐ Asia ☐ desert ☐ basic

3. In welk woord klinkt de **s** zoals in **leisure**?

☐ pause ☐ crusade ☐ comparison
☐ measure

De letter(s) s(s)

Een **s** of **ss** kan uitgesproken worden als **[s]** (bv.: base, assess), **[z]** (bv.: noise, dissolve), **[zj]** (bv: leisure), **[sj]** (bv.: sugar, pressure).

13 Omcirkel het juiste antwoord:

1. **Wat hoort niet in het rijtje?**
   a. disappear **d.** precisely
   b. release **e.** fatalism
   c. asylum

2. **Close** rijmt op:
   a. cross
   b. nose

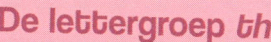

De lettergroep *th*

De fameuze **th**... Let erop het onderscheid te maken tussen de stemhebbende en de stemloze **th**, dus met al dan niet trillende stembanden! Ga uit van een t resp. d, maar dan met het tipje van je tong tegen de voortanden. Het tipje moet zichtbaar zijn, anders produceer je een andere klank! Probeer het uit met de volgende oefening, eventueel voor de spiegel.

 Geef onderstaande woorden een plaats in de tabel om woordparen te vormen en er de vertaling van te geven:

although   **dag**   **breath**   **zinken**

with   **boom**   **met**   **ADEM**

(to) think   **boot**   **day**   **both**

	Woordparen			Vertaling	
1.	(to) sink				denken
2.	also		ook		hoewel
3.	(to) whizz		zoeven		
4.		they			ze (mv.)
5.		(to) breathe			ademen
6.	boat				beide
7.	tree	three			drie

Gefeliciteerd! Je bent klaar met hoofdstuk 11! Tijd om de icoontjes op te tellen en het resultaat over te brengen naar pagina 128 voor je eindevaluatie.

Persoonlijke, bezittelijke, wederkerende en wederkerige voornaamwoorden

Persoonlijke voornaamwoorden

- **als onderwerp** (ik, jij/u, hij, zij, het, wij, jullie, zij): **I, you, he, she, it, we, you, they** (bv.: they live in Prague / I was born in 1965) - let erop dat **I** altijd met een hoofdletter wordt geschreven en dat "jij/je", "u" en "jullie" allemaal door **you** wordt uitgedrukt (bv. you have to wait = jij/je/u moet / jullie moeten wachten)

- **als voorwerp** (mij, jou/uw, hem, haar,...): **me, you, him, her, it, us, you, them** (bv.: I love this actor ➜ I love him / I told Liam and Sean to come at 5 ➜ I told them to come at 5) - let erop dat "jou/je", "u" en "jullie" = **you** (bv. I love you = ik hou van jou/je/u/jullie) - merk de Engelse onzijdige vorm **it** op (bv. I love it)

Bezittelijke voornaamwoorden

- **bijvoeglijk gebruik** (mijn, jouw/uw, zijn, haar,...): **my, your, his, her, its, our, your, their** (bv.: we bought our house in 1998 / Anna must pick up her sister at the station) - let erop dat "jouw/je", "uw" en "jullie" = **your** (bv. your sister = jouw/je/uw/jullie zus) - merk de Engelse onzijdige vorm **its** op (bv. I love its taste)

- **zelfstandig gebruik** (de/het mijne, de/het jouwe/uwe,...): **mine, yours, his, hers, ours, yours, theirs** (bv.: whose coat is this? it's not mine) - let op: "de/het jouwe/uwe, die/dat van jullie" = **yours** en hier is geen onzijdige vorm

I Vul aan met de passende persoonlijke of bezittelijke vorm:

1. You and I are happy. ➜ .... are happy.

2. She broke .... leg while skiing.

3. He went with Jane. ➜ he went with ....

4. It's Sarah's laptop. ➜ it's ....

5. I had lunch with Clara and Peter. ➜ I had lunch with ....

6. You look different, did you cut .... hair?

7. Paul is coming with you and me. ➜ Paul is coming with ....

8. That cat does not like milk, I give .... water only.

9. It's my car. ➜ it's ....

Wederkerende en wederkerige voornaamwoorden

- **wederkerende: myself, yourself, himself, herself, itself, ourselves, yourselves, themselves** voor de vormen van **zich** (me, je, zich, ons,...) bij wederkerende werkwoorden (bv.: he enjoyed himself at the party) of voor **zelf** (bv.: I did this cake myself)

- **wederkerige** om de wederzijdse relatie tussen elementen weer te geven (**elkaar**): **one another** bij meer dan 2 elementen (bv.: the four men joked with one another) en **each other** bij 2 elementen (bv.: the two sisters love each other)

- **wederkerend/wederkerig of niet?** een werkwoord dat in het Nederlands wederkerend/wederkerig is, is dat niet altijd in het Engels, bv.: **to hide** (zich verstoppen), **to feel** ((zich) voelen), **to hurry** (zich haasten), **to complain** (zich beklagen), **to remember** (zich herinneren), **to relax** (zich ontspannen), **to wonder** (zich afvragen), **to worry** (zich zorgen maken)

2 **Vul aan met de juiste vorm:**

1. I'm very tired, I can't concentrate .... **(myself / Ø)**

2. They're going to wash .... **(themselves / Ø)**

3. I need .... **(to dress / to dress myself / to get dressed)**

4. She doesn't .... good. **(feel herself / feel)**

5. You should .... **(relax / relax yourself)**

6. They often argue .... **(with each other / themselves / Ø)**

3 **Vul het juiste wederkerend/wederkerig voornaamwoord in:**

1. He blames .... for the accident.

2. Their five children help .... a lot.

3. The two ladies looked at .... but didn't say a word.

4. I was sad to hear that she was depressed and killed ....

5. (aan tafel: Bedien je/Bedient u zich.) → Help ....

4 Verbind telkens aanvang en vervolg van de zinnen:

1. Ivan and Patrick had a fight and barely talk to •

2. We're late, hurry •

3. He looked at •

4. You don't need my help, you can do it •

5. Her mother worries •

6. She introduced •

7. The baby •

- **a.** up!
- **b.** fell asleep.
- **c.** a lot.
- **d.** each other.
- **e.** himself in the mirror.
- **f.** yourself!
- **g.** herself.

De datum en het uur

Breekt het angstzweet je uit bij de gedachte het uur of de datum te moeten zeggen in het Engels of lijkt het vanzelf te komen? Even herhalen kan evenwel nooit kwaad. Laten we voorzichtig beginnen met de dagen van de week en de maanden van het jaar.

5 Vul de ontbrekende letters aan / zet de letters in de juiste volgorde om de dagen van de week en de maanden van het jaar te vormen:

maandag ➜ M _ _ DAY

dinsdag ➜ _ U _ _ DAY

woensdag ➜ _ _ D N _ _ DAY

donderdag ➜ T _ U _ _ DAY

vrijdag ➜ _ _ _ DAY

zaterdag ➜ S _ T _ _ DAY

zondag ➜ _ _ NDAY

januari: **YJAUNRA**
➜ ....

februari: **UARRYEFB**
➜ ....

maart: **AHMCR**
➜ ....

april: **IPALR**
➜ ....

mei: **YAM**
➜ ....

juni: **UJEN**
➜ ....

juli: **YJUL**
➜ ....

augustus: **GTSUUA**
➜ ....

september: **MESTBREEP**
➜ ....

oktober: **BOTCREO**
➜ ....

november: **VEMOREBN**
➜ ....

december: **MDREEBEC**
➜ ....

6 Omcirkel de juiste vertaling(en) of vink het juiste antwoord aan:

1. Ik ga maandag naar het zwembad (= nu maandag).

I'm going to the swimming pool **(Monday - on Monday - on Mondays)**.

2. Ik ga op maandag naar het zwembad (= elke maandag).

I go to the swimming pool **(Monday - on Monday - on Mondays)**.

3. Ik zal niet aanwezig zijn op kantoor van de 4e tot de 11e.

I will be away from the office **(by - from)** the 4th **(to - still - until)** the 11th.

4. Ik vertrek de 3e mei, 's morgens.

I'm leaving **(on - Ø)** the 3rd **(of - in)** May, **(Ø - in - on)** the morning.

5. Vandaag is het 25 april (spreektaal). ➜ Today's ...

☐ **a.** Tuesday, the twenty-fifth of April.

☐ **b.** Tuesday, April the twenty-fifth.

7 Vul de zinnen aan met een van de elementen tussen haakjes en informatie die je terugvindt op de identiteitskaart*:

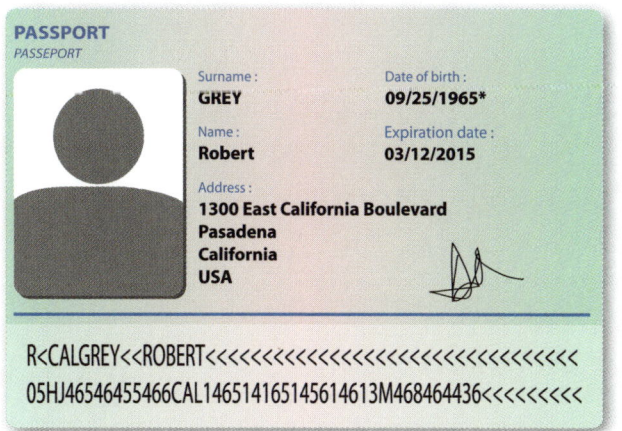

1. Robert Grey was born **(on - in - at)** 1965.

2. He was born **(on - in - at)** September.

3. He was born **(in - on)** the ....
.... **(st - nd - rd - th)**
(of - in) September.

4. His passport expires **(in - on)** the
.... **(st - nd - rd - th)**
(of - in) ...., in 2015.

Let op: in tegenstelling tot hier bij ons, vermelden de Engelsen en de Amerikanen eerst de maand en dan de dag. Zo moet je 09/25/1965 lezen als 25 september 1965.

8 **Voer de opdrachten uit:**

1. Omcirkel het juiste antwoord:
Men gebruikt **(am - pm)** voor de tijd tussen middernacht en het middaguur
en **(am - pm)** vanaf het middaguur tot middernacht.

2. Hoe zeg je **19u** in het Engels?

☐ **a.** nineteen o'clock   ☐ **b.** nineteen hours   ☐ **c.** seven am   ☐ **d.** seven pm

3. Schrijf het klokuur in letters en beantwoord de vragen:

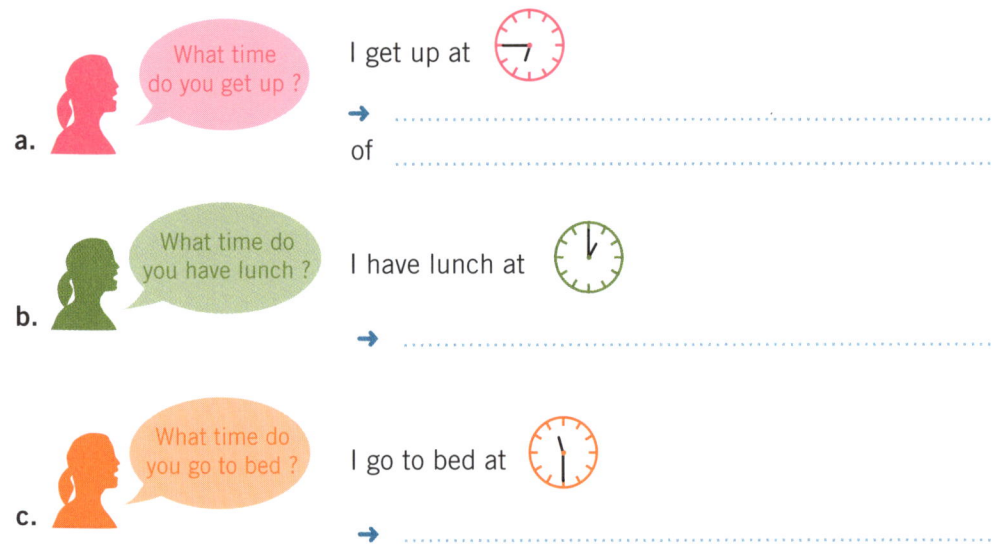

a. What time do you get up?

I get up at

→ ....
of ....

b. What time do you have lunch?

I have lunch at

→ ....

c. What time do you go to bed?

I go to bed at

→ ....

d. I have a meeting at 9:15 am

a. I'm early
b. I'm on time
c. I'm late

e. I'm going to see a film. It starts at 3 pm

a. I'm late
b. I'm just in time
c. I'm early

De letter *h*

De letter **h** moet meestal aangeblazen worden aan het begin van een woord (bv.: **hat, hear, hold**) of als beginletter van een tweede element in een samengesteld woord (bv.: **tophat**), maar o.a. bij aan het Frans ontleende woorden niet (bv.: **hour, honour**). Binnenin een woord wordt de **h** doorgaans niet uitgesproken (bv.: **vehicle**) noch in de lettergroep **rh** (bv.: **rhythm**), maar bij **ch, gh, ph, sh, th** is het extra opletten (bv.: **healthy**)!

9 Zet onderstaande woorden in de juiste kolom:

hour   hospital   **heir**   hate
THYME   shepherd   hilarious
hill   hit   honour   honesty   hair
hero   **BEHIND**   Thailand   house

met aangeblazen H	met onhoorbare H
....	....
....	....
....	....
....	....
....	....

10 Omcirkel het woord dat past in de zin:

1. He was so **(angry - hungry)** that he slammed the door.

2. He was so **(angry - hungry)** that he ate three burgers!

3. You're not allowed to pin posters on the **(wall - whole)**.

4. I can't go to work today, I'm **(ill - hill)**.

5. Why not try this cream on your **(harm - arm)**? It can do no **(arm - harm)**.

6. You should not use a dryer. Hot **(air - hair)** is not good for your **(air - hair)**.

Gefeliciteerd! Je bent klaar met hoofdstuk 12! Tijd om de icoontjes op te tellen en het resultaat over te brengen naar pagina 128 voor je eindevaluatie.

13

Bezit uitdrukken en woorden samenstellen

Bezit uitdrukken

Bezit kan op verschillende manieren uitgedrukt worden: met een bezittelijk voornaam-woord (**my, your,...** - zie hoofdstuk 12), met de constructie **the ... of ...** en met de genitiefvorm **'s**. De keuze tussen deze laatste twee hangt af van de aard van de bezitter (**levend/verpersoonlijkt** of **niet**):

- **genitief** ➜ bezitter+**'s** + bezit

  - **gebruik:** bij **eigennamen** en **naamwoorden voor personen** (bv. Peter's friends, the neighbour's wife), **huisdieren** (bv. the cat's tail), het verpersoonlijken van **lands-, stads- en instellingsnamen** (bv. France's history, the company's policy), **huiselijke eenlettergrepige naamwoorden** zoals **cup** of **shop** (bv. the cup's handle, the shop's director)

  - **bijzonderheden:** aan een meervoudsvorm op **-s** voeg je alleen **'** toe (bv. my parents' house), maar aan een eigen- of soortnaam op **-s** en meervoudsvormen die niet uitgaan op een s schijf je wel **'s** (bv. Socrates's philosophy, the crisis's end, women's rights)

- **... van ...** ➜ bezit + **of** + bezitter

  - **gebruik:** bij **voorwerpen, zaken** (bv. the time of the meeting), **hoeveelheden** (bv. I've watched most of the film), de **relatie deel-geheel** (bv. the head of the bed, the last page of the book) of wanneer het **naamwoord voor de bezitter heel lang** is of met een bepaling staat (bv. the son of the man in the blue shirt).

I Kies uit **'s** of **the ... of ... :**

1. (Mr Jones - car) .... was stolen last week.

2. Look, this is the .... (wife - the man we met yesterday)

3. The (end - film) .... was very disappointing.

4. (Helena - husband) .... is a pilot.

5. Adam, stop pulling the .... ! (dog - ears)

6. I have just visited .... (the Johnsons - new house).

Woorden samenstellen

Het Engelse gebruik van **samengestelde woorden** is vergelijkbaar met het Nederlandse.

– **samenstellingen** bestaan uit twee woorden die ook ieder op zich kunnen staan: het tweede woord draagt de hoofdbetekenis, het eerste geeft er bijkomende informatie over (bv. a race car = raceauto / a car race = een autorace)

– het hoofdwoord krijgt de meervoudsuitgang (bv. chocolate cakes)

– het eerste element geeft informatie over het tweede m.b.t. aard of de functie (bv. a love story, a vegetable peeler), situeert het in tijd of ruimte (bv. an afternoon snack, a kitchen chair),...

– de meest voorkomende combinaties zijn zelfst. nw. + zelfst. nw. (bv. a horse race), zelfst. nw. + ww. (bv. a sunset), zelfst. nw. + ww. + -er (bv. a dishwasher), ww. + zelfst. nw. (bv. a pickpocket), ww. op -ing + zelfst. nw. (bv. a dining room), bijv. nw. + zelfst. nw. (bv. a gentleman), bijv. nw. + ww. op -ing (bv. dry cleaning)

Let op bij het schrijven van **compound words**: sommige worden aan elkaar geschreven (vooral als de samenstelling ingeburgerd is, bv. armchair, bedroom, birthday), sommige los van elkaar (bv. sleeping pill) en andere met een streepje ertussen (bv. mother-in-law, first-class).

2 Vertaal de volgende samenstellingen (de woorden schrijf je aan elkaar als er na de stippellijn geen spatie staat):

met het hoofdwoord *box*	met het hoofdwoord *bag*
1. broodtrommel ➜ ....box	**1.** schooltas ➜ ....bag
2. geldbus ➜ .... box	**2.** boodschappentas ➜ .... bag
3. ijskast ➜ ....box	**3.** slaapzak ➜ .... bag
4. brievenbus ➜ .... box	**4.** handtas ➜ ....bag
5. gereedschapskist ➜ ....box	**5.** theebuiltje ➜ .... bag

3 **Vul de samenstellingen aan met een van de onderstaande elementen (schrijf aan elkaar als er geen spatie na de stippellijn staat):**

killer - paste - washing - breaker - cloth

1. A machine that is used to wash your clothes is a .... machine.

2. When you have a headache, you can take a pain......................... .

3. A coat that you wear to resist the wind is a wind......................... .

4. A floor.................. (or floor-..................) is a type of towel, used for cleaning floors.

5. Is to your teeth what shampoo is to your hair: tooth......................... .

4 **Verbind de juiste elementen om samenstellingen te vormen die (soms verrassend) overeenkomen met de vertalingen:...**

1. **vaatwasser** .... dish •   • stick

2. **vlinder**....................butter •   • food

3. **lippenstift**....................lip •   • fly

4. **zeevruchten** ....sea •   • coat

5. **regenjas**....................rain •   • washer

6. **watermeloen** ....water •   • melon

To say en to tell

- **To say** is **zeggen** in de betekenis van **(uit)spreken, verkondigen** (bv. **say a word**, **say Hello/Goodbye**, **say a name/sentence**) en het overbrengen van wat gezegd wordt (bv. he said "I'm fed up with this company. I quit"); bij **say** wordt doorgaans niet de gesprekspartner, maar wel de spreker en de boodschap gespecifieerd; als de gesprekspartner wordt vermeld, moet op **say** het voorzetsel **to** volgen (bv. he said to her "we should buy a house").

- **To tell** is ook **zeggen**, maar dan in de betekenis van **vertellen, informeren** (bv. **tell a story**, **tell the truth**, **tell a lie**); na **tell** wordt vaak de gesprekspartner genoemd (bv. she told me that she was sick).

5 **Vul aan met de passende vorm van *to say* of *to tell* en zo nodig met het voorzetsel *to*:**

1. He looked at me and ....: "mind your own business."

2. I'm going to .... you the story of the Gingerbread Man.

3. He left the room without ....ing a word.

4. Can you .... me the time, please?

5. Just for fun: "I want to .... you a terrific story about oral contraception.

I asked this girl to sleep with me and she .... : 'no'." (Woody Allen)

To speak en to talk

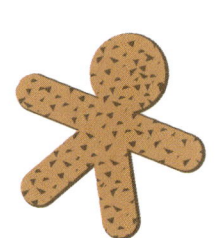

- **To speak** is **spreken** in de betekenis van **zich mondeling kunnen uiten** (bv. she can't speak ➜ she is dumb = ze is stom), **een taal kunnen spreken** (bv. I can speak Spanish) of om te vragen om iemand te spreken, in het bijzonder **aan de telefoon** (bv. could I speak to Mr Smith, please?).

- **To talk** is ook **spreken**, maar dan in de betekenis van **woorden uitwisselen**, vooral in **informele gesprekssituaties** (bv. can I talk to you for a minute?), wanneer het werkwoord **spreken** op een **gesprek, praten** slaat (bv. we need to talk) of wanneer het **gespreksonderwerp vermeld** wordt (bv. we need to talk about what happened).

6 **Vul aan met de passende vorm van *to speak* of *to talk*:** bla BLA bla bla bla bla BLA

1. Today we're going to .... about irregular verbs.

2. Hello Gemma. Is Mrs Dickinson in? Can I .... to her?

3. We just relaxed and .... for hours.

4. He can't .... today, he sang all night yesterday and lost his voice.

5. She can .... four foreign languages.

7 Verbind telkens het begin van de zin met het vervolg:

1. Did he • • **a.** to all the journalists: "No comment."

2. I don't want to • • **b.** speak very well.

3. He is only 4 years old but he can • • **c.** tell you about his new job?

4. We need to • • **d.** say where he was going.

5. The President said • • **e.** talk right now. Leave me alone.

6. He didn't • • **f.** tell you something.

Onuitgesproken letters

Sommige letters worden wel geschreven, mais niet uitgesproken. Je ontdekt de meest voorkomende stomme letters in de volgende oefeningen.

8 Beantwoord de vragen:

1. Vind de woorden waarin de **b** niet uitgesproken wordt:

lamb climb plumber obtain bulb double comb inhabitant hub cable doubt crumble crumb

2. Vink aan op welk woord **would** en **should** rijmt:

☐ **a.** wood   ☐ **b.** mould

3. Vind de woorden waarin de **l** niet uitgesproken wordt:

mild ulterior title calf almond talk novel half calm palm walk could island little salmon salt

4. Vind de woorden waarin de **t** niet uitgesproken wordt:

listen   right   product   pregnant

salt   castle   soften   mortgage

5. Wat hebben alle onderstaande woorden gemeen?

know - knee - knot - knife - knight - knit - knock

➜ ....

9 **Zoek de stomme letter in elk woordenrijtje (een en dezelfde letter per rijtje)**
Vb. : wednesday - handkerchief - sandwich ➜ het betreft de letter d

1. sign - gnat - foreign - campaign - benign - resign
➜ het betreft de letter ....

2. desperate - difference - interest - literature - temperature
➜ het betreft de letter ....

3. cupboard - pneumonia - raspberry - receipt - pseudo - psychology
➜ het betreft de letter ....

10 **Onderstaande woorden bevatten allemaal een letter die niet uitgesproken wordt (in elk woord een verschillende letter), omcirkel die:**

answer   **autumn**   **farm**

doubt   **island**   **leopard**   **grandmother**

Gefeliciteerd! Je bent klaar met hoofdstuk 13! Tijd om de icoontjes op te tellen en het resultaat over te brengen naar pagina 128 voor je eindevaluatie.

14

Betrekkelijke en vragende voornaamwoorden

Betrekkelijke voornaamwoorden

- **who** of **that** om te verwijzen naar een persoon (bv.: the man who is sitting there is my brother)

- **which** of **that** om te verwijzen naar een dier of een zaak (bv.: look at the dog which is over there)

- merk op: **that** wordt gebruikt in structuren met "hoeveelheden" (**alles dat/wat,...**) (bv.: it's all that I want); **that** is niet mogelijk na een voorzetsel (bv.: this is the table on which I left my glasses), noch in een tussenzin (bv.: his brother, who lives in Japan, speaks Japanese fluently); **that** is vlotter dan **which** en dus meer spreektaal, vooral in Amerikaans Engels

- **who**, **which** of **that** kan weggelaten worden als het verwijst naar een element dat als voorwerp fungeert (bv.: I ate a cake ➔ the cake **Ø** I ate)

- **what** en **which** om te verwijzen naar een zin (bv. : she arrived late again, which is not surprising / I don't understand what you mean)

- **where** om te verwijzen naar een plaats (bv.: it's a restaurant where they cook fish)

- **when** om te verwijzen naar een tijdstip (bv.: this happened at the time when she got married)

- **whose** - van wie, wiens, wier (bv.: it's the lady whose husband died in the crash)

I Vul aan met het betrekkelijk voornaamwoord *who, which, that, what, where, when* of *whose*:

1. She now lives in Anchorage, ... is the capital city of Alaska.

2. I still remember the day .... I met her. It was 20 years ago.

3. All .... I can remember about him is that he's called Duncan.

4. Mr Taylor, ... used to be a teacher, is now a computer scientist.

5. The woman .... daughter you saw yesterday, is my sister.

6. Look, these are the shoes .... I bought yesterday.
   Tell me .... you think about them.

7. It's a district .... you will find many Asian shops.

Vragende voornaamwoorden

- **who?** → wie? (bv.: who is this woman?)
- **what?** → wat? (bv.: what are you doing tonight?)
- **which?** → welk(e)? (bv.: which car do you prefer?)
- **where?** → waar? (bv.: where do you live?)
- **when?** → wanneer? (bv.: when were you born?)
- **why?** → waarom? (bv.: why is she crying?)
- **whose?** → van wie, wiens, wier? (bv.: whose phone is this?)
- **how?** → hoe? (bv.: how are you?), **how much/many?** → hoeveel?, **how often?** → hoe vaak?, **how long?** → hoelang?, **how tall/high/far/soon/...?** → hoe groot/hoog/ver/snel/...?

2 Omcirkel de juiste vraagvorm(en):

1. **How soon** - **How long** - **When** have you had this car? 10 years?

2. **How much** - **How soon** - **How often** do you go shopping? Once or twice a week?

3. **How soon** - **When** - **How long** can you come and repair my dishwasher?

4. Coffee or tea? **Which** - **What** - **Who** - **Whose** one do you prefer?

5. **Just for fun:** "If there is no God, **whose** - **which** - **who** opens the doors in supermarkets?" (Patrick Murray)

3 Welke vraag moet je stellen om als antwoord het onderstreepte zinsdeel te krijgen?

1. The laptop is <u>my sister's</u>.
→ .... ?

2. I take my exam on <u>Tuesday</u>.
→ ....
.... ?

3. I went <u>to Spain</u> for the holidays.
→ ....
.... ?

4. I'm not coming <u>because I'm too tired</u>.
→ ....
.... ?

5. They have <u>three</u> children.
→ ....
.... ?

6. The station is not very far from here, <u>about one mile away</u>.
→ ....
.... ?

7. It's <u>25 dollars</u>, Sir.
→ .... ?

Antoniemen

Antoniemen zijn woorden met een **tegengestelde betekenis**. Het is bewezen dat we woorden beter onthouden als we ze in paren leren, vooral in tegengestelde paren. Laten we dan niet wachten om onze woordenschat verder uit te breiden!

4 **Omcirkel het tegenovergestelde:**

1. **to begin:** to end - to start - to close - to stay

2. **expensive:** shy - chip - cheap - saving

3. **dangerous:** save - saif - sure - safe

4. **late:** next - hourly - soon - early

5. **empty:** fill - fell - full - fall

6. **to succeed:** to fell - to fail - to fill - to foul

7. **first:** lest - fast - least - last

8. **to forget:** to remember - to remind - to remain

9. **enemy:** frend - friend - alliance - foe

5 **Verbind de tegengestelde woorden:**

1. to love •
2. to laugh •
3. to start •
4. interesting •
5. weak •
6. dry •
7. noisy •

• **a.** to cry
• **b.** boring
• **c.** quiet
• **d.** strong
• **e.** to hate
• **f.** wet
• **g.** to finish

6 **Zet onderstaande woorden naast hun tegengestelde:**

slim - bitter - take - win - hope - old - lend - sad - dirty - far

1. happy → ....
2. give → ....
3. young → ....
4. borrow → ....
5. near → ....
6. sweet → ....
7. clean → ....
8. despair → ....
9. lose → ....
10. fat → ....

Woorden op het werk en beroepsnamen

Het woord **werk** kan je vertalen door **job** of **work**, waarbij **job** naar de baan en **work** naar werk in het algemeen verwijst. **Work** is niet "telbaar", dus zeg je **a piece of work** m.b.t. een bepaald project. Down to work! (Aan het werk!)

7 Gebruik onderstaande woorden in de zinnen:

unemployed　　**retired**　　job　　**company**

earn　　trade union　　**wages**　　FACTORY

1. Most students need to take a .... as a waiter or a cashier to pay for their studies.

2. He worked as a clerk for 20 years but he now runs his own service ....

3. Many workers are .... in this town. This new .... will create hundreds of jobs.

4. The workers in this factory .... good ....

5. A .... is an organization that defends the workers' interests and rights.

6. My neighbour worked as a teacher for 30 years. He is .... now.

8 Gebruik de letters tussen haakjes in de juiste volgorde om het beroep van deze mannen te vinden:

1. politieman (**EOPICL**)

   → _ _ _ _ _ _ man

2. brandweer (**IREF**)

   → _ _ _ _ man

3. postbode (**TOSP**)

   → _ _ _ _ man

4. verkoper (**LASES**)

   → _ _ _ _ _ man

5. visser (**RIFHES**)

   → _ _ _ _ _ _ man

9 Scheid de woorden op de juiste plaats om de volgende beroepsnamen te vinden in het Engels, schrijf ze netjes op in de Nederlandse volgorde:

1. **staflid - kok - arbeider - advocaat - kapper - ober**

cookhairdresserlawyerwaiterexecutiveworker

➜ ....

....

2. **monteur - secretaresse - slager - landbouwer - verpleegster - kinderjuf - leraar - bakker - dierenarts - loodgieter**

teacherfarmerbutcherbakerplumbernursenannyvetsecretarymechanic

➜ ....

....

10 Verbind dezelfde beroepen in het Engels/Nederlands:

1. Clerk   •   • **a.** Vrachtwagen-bestuurder

2. Civil Servant   •   • **b.** Kantoor-bediende

3. Engineer   •   • **c.** Winkel-bediende

4. Shop assistant •   • **d.** Ingenieur

5. Lorry driver   •   • **e.** Ambtenaar

Homofonen

Heel wat woorden die niet op dezelfde manier geschreven worden en die een heel andere betekenis hebben, **worden op dezelfde manier uitgesproken!** Je ontdekt er een paar in de volgende oefeningen.

11 Verbeter de fouten die in de brief zijn geglipt; schrap de verkeerde woorden en schrijf ze erboven correct, zoals in het voorbeeld in het rood:

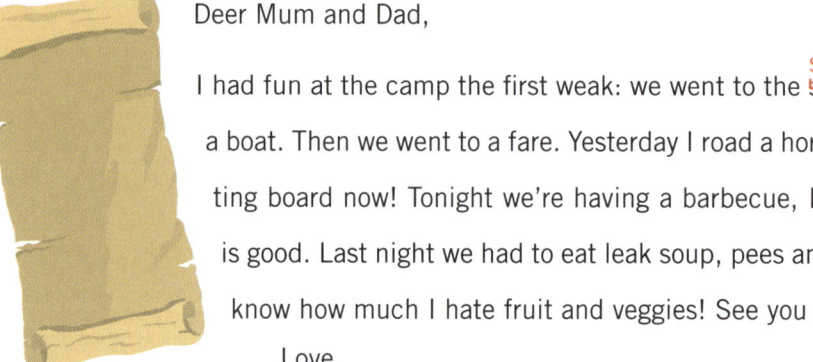

Deer Mum and Dad,

I had fun at the camp the first weak: we went to the ~~see~~ *sea* and went on

a boat. Then we went to a fare. Yesterday I road a horse. But I'm get-

ting board now! Tonight we're having a barbecue, I hope the meet

is good. Last night we had to eat leak soup, pees and pairs and you

know how much I hate fruit and veggies! See you soon.

      Love,

        Sam

12 **Speur de fouten op en schrijf dan de zinnen correct neer:**

1. I need a new pear of shoes.

→ ....

2. There is a leek under my sink, I need to call a plumber.

→ ....

3. I need to pea! Where's the bathroom?

→ ....

4. I can't sea a thing without my glasses on.

→ ....

5. Look, I bought a new computer last weak.

→ ....

6. It's not unusual to see cows in the middle of the rode in India.

→ ....

7. We often meat at the sushi bar for lunch.

→ ....

8. I still feel very week from the surgery

→ ....

Gefeliciteerd! Hoofdstuk 14 zit erop! Tijd om de icoontjes op te tellen en het resultaat over te brengen naar pagina 128 voor je eindevaluatie.

15

Voor- en achtervoegsels

Voor- en achtervoegsels

- **Algemeen principe:** Net als in het Nederlands kunnen er in het Engels heel wat woorden gevormd worden door werkwoorden of naamwoorden te combineren met voor- of achtervoegsels (prefixen en suffixen). Zo kan je een **zelfstandig naamwoord** vormen met een bijvoeglijk naamwoord + achtervoegsel (bv.: excentric + -ity ➜ excentricity), werkwoord + achtervoegsel (bv.: act + -or ➜ actor), of de betekenis ervan veranderen met een voorvoegsel (bv.: in- + capacity ➜ incapacity); een **bijvoeglijk naamwoord** vormen met een zelfstandig naamwoord + achtervoegsel (bv.: boy + -ish ➜ boyish / care + -less ➜ careless / doubt + -ful ➜ doubtful) of de betekenis veranderen met een voorvoegsel (bv.: un- + believable ➜ unbelievable); veel **bijwoorden** afleiden van een bijvoeglijk naamwoord door er het achtervoegsel -ly bij te zetten (bv.: certain + -ly ➜ certainly).

- **Belangrijke voorvoegsels om bijvoeglijke naamwoorden en werkwoorden te vormen:** **under-** (bv.: underpaid), **over-** (bv.: to overreact), **mis-** (bv.: to misunderstand), **self-** (bv.: self-destructive, self-respect), **un-, dis-, il-, im-, in-, ir-** om het tegenovergestelde af te leiden (bv.: unhappy, dishonest, illegal, imperfect, incompetent, irrational).

I Leid woorden af zoals in het voorbeeld:

	Basiswoord + betekenis	Vertaling van het bedoelde woord	Afleiding
Vb.	paid = betaald	onderbetaald	underpaid
1.	**real** = werkelijk	onwerkelijk	....
2.	**to agree** = akkoord gaan	niet akkoord gaan	....
3.	**estimated** = geschat	onderschat	....
4.	**confident** = zelfverzekerd	te zelfverzekerd	....
5.	**to pronounce** = uitspreken	fout uitspreken	....

Achervoegsels (vervolg)

- **Belangrijke achtervoegsels om bijvoeglijke naamwoorden te vormen:** **-able/-ible** (vgl. -baar, -lijk, bv.: breakable, accessible), **-ed** (cf. voltooid deelwoord, bv.: cooked), **-free** (vrij (van), bv.: sugar-free), **-ful** (vgl. -vol, -rijk, bv.: successful, beautiful), **-ing** (vgl.-ant, -end, bv.: interesting), **-ish** (vgl. -achtig, bv.: boyish), **-less** (tegenovergestelde van -ful, bv.: useful/useless), **-ly** (vgl. -lijk, bv.: friendly), **-y** (vgl. -ig, bv.: sunny, funny).

- **Belangrijke achtervoegsels om zelfstandige naamwoorden te vormen:** **-cy** (bv.: legacy), **-dom** (domein van, bv.: kingdom), **-er/-or** (vgl. -er, bv.: player, actor), **-hood** (vgl. -heid, -schap, bv.: brotherhood), **-ism** (bv.: criticism, socialism), **-ity** (vgl. -teit, bv.: acidity), **-ship** (vgl. -schap, bv.: dictatorship), **-ness** (vgl. -teit, -heid, bv.: creativeness, loneliness).

friendSHIP   **friend**ship
friendship

2 Leid woorden af zoals in het voorbeeld:

	Basiswoord + betekenis	Vertaling van het bedoelde woord	Afleiding
Vb.	friend = vriend	vriendschap	friendship
1.	**to bore** = vervelen	vervelend	....
2.	**home** = thuis	thuisloos	....
3.	**sad** = droevig	droefheid	....
4.	**child** = kind	kindsheid, jeugd	....
5.	**slow** = langzaam (bijv. nw.)	langzaam (bijw.)	....
6.	**to wash** = wassen	wasbaar	....

3 Vul aan met het passende voor- of achtervoegsel:

1. When you trust yourself too much, you are ....confident.

2. Something that never ends is end............. .

3. When you do not trust someone, you ....trust him.

4. Happi............. is the state of being happy.

5. Free............. is the state of being free.

4 Verbind de afleidingen van het ww. *to use* met hun vertaling:

1. user •   • **a.** misbruikt

2. unused •   • **b.** overgebruikt

3. useful •   • **c.** ongebruikt

4. misused •   • **d.** bruikbaar

5. overused •   • **e.** gebruiker

5 Vorm afleidingen in verschillende stappen, zoals in het voorbeeld:

Vb. : basiswoord → intention = intentie, opzet
stap 1 → intentional = opzettelijk
stap 2 → unintentional = onopzettelijk (bijv. nw.)
stap 3 → unintentionally = onopzettelijk (bijw.)

1. **basiswoord** → **pleasant** = aangenaam
   stap 1 → .... = onaangenaam (bijv. nw.)
   stap 2 → .... = onaangenaam (bijw.)

2. **basiswoord** → **resource** = (hulp)middel
   stap 1 → .... = rijk aan (hulp)middelen, vindingrijk
   stap 2 → .... = rijkdom aan (hulp)middelen, vindingrijkheid

3. **basiswoord** → **success** = succes
   stap 1 → .... = succesvol, met succes
   stap 2 → .... = niet succesvol, zonder succes (bijv. nw.)
   stap 3 → .... = niet succesvol, zonder succes (bijw.)

4. **basiswoord** → **expect** = verwachten
   stap 1 → .... = verwacht
   stap 2 → .... = onverwacht (bijv. nw.)
   stap 3 → .... = onverwacht (bijw.)

Letterwoorden

De Angelsaksen maken graag gebruik van letterwoorden, ook voor uitdrukkingen in het dagelijks leven. We verwerken er een paar in de volgende oefeningen.

6 **Waarvoor staan onderstaande letterwoorden? We helpen je even op weg:**

1. B.O.
- ☐ **a.** Big Organisation
- ☐ **b.** Body Odour
- ☐ **c.** Best Offer

2. B.L.T.
(een broodje met)
- ☐ **a.** Bacon, Lettuce and Tomato
- ☐ **b.** Bread, Lettuce and Tuna
- ☐ **c.** Bread, Lettuce and Turkey

3. Kussen in het openbaar is een voorbeeld van **P.D.A.**, dus "Public Display of…"
- ☐ **a.** Acquaintance
- ☐ **b.** Affection
- ☐ **c.** Amorous

4. A.S.A.P.
- ☐ **a.** As Sorry As Pity
- ☐ **b.** As Soon As Possible
- ☐ **c.** As Sad As Pie

5. D.I.Y.
- ☐ **a.** Do it Young
- ☐ **b.** Do It Yesterday
- ☐ **c.** Do It Yourself

6. T.G.I.F.
- ☐ **a.** Thank God It's Finished
- ☐ **b.** Thank Goodness It's Friday

7. Onze ufo is afgeleid van het Engelse **U.F.O.** Waarvoor staan de letters?
- ☐ **a.** Unidentified Flying Object
- ☐ **b.** Unidentified Funky Object

7 **Vind de letterwoorden (uit een online chat) en hun betekenis, zoals in het voorbeeld:**

Vb.: we zien elkaar later: later/you/see ➜ see you later ➜ SUL

1. niet aan mijn pc: keyboard/from/away ➜ .... ➜ ....

2. leuk: loud/laughing/out ➜ .... ➜ ....

3. we spreken elkaar nog: later/you/talk/to ➜ .... ➜ ....

4. ben zo terug: back/be/right ➜ .... ➜ ....

5. naar mijn mening: opinion/my/in ➜ .... ➜ ....

To see, watch en look

- **To see** betekent **zien**. Net als in het Nederlands is er een **passieve** connotatie (je kan iets zien zonder te kijken, bv.: I can't see a thing without my glasses on).

- **To look** en **to watch** betekenen **kijken** en hebben een **actieve** connotatie (je richt je blik op iets, doelbewust). **Kijken naar** vertaal je door **to look at** (niet verwarren met **to look for** dat **zoeken** betekent) om een eerder kort kijken weer te geven (bv.: look at this car!) en door **to watch** bij langer kijken (bv.: they watched the children play).

  Merk op: je zegt **to watch television**.

8 Vul aan met een vorm van *watch, look (at)* of *see*:

1. I don't want to go out tonight. Let's just stay in and .... a film.

2. Did you .... John at the party?

3. .... Mum, it's snowing!

4. He likes to .... the rain falling. He can do that for hours!

5. Don't .... me like that! You know I'm right!

Homofonen (vervolg)

Herhaling: er zijn heel wat woorden die niet op dezelfde manier geschreven worden en een heel verschillende betekenis hebben, maar toch op dezelfde manier uitgesproken worden. We tonen er nog een paar in de volgende oefeningen.

9 Omcirkel het passende woord:

1. Would you like another **(piece - peace)** of cake?

2. Don't **(waist - waste)** your money on video games!

3. The love **(scene - seen)** in this film is set in New York.

4. She missed a **(stair - stare)** and broke her leg.

5. Is the glass half empty or half **(fool - full)**?

10 Zoek de woordparen met dezelfde klank en noteer ze in de kolommen:

buy   thyme   which   pool   war   knows

witch   bye   pull   their   cereal

collar   urn   would   wood   wore   serial

blue   right   jeans   missed   allowed   time

mist   wait   write   nose   weight

genes   aloud   there   earn   colour   blew

.... - .... | .... - .... | .... - ....

.... - .... | .... - .... | .... - ....

.... - .... | .... - .... | .... - ....

.... - .... | .... - .... | .... - ....

.... - .... | .... - .... | .... - ....

.... - .... | .... - .... |

Gefeliciteerd! Je bent klaar met hoofdstuk 15! Tijd om de icoontjes op te tellen en het resultaat over te brengen naar pagina 128 voor je eindevaluatie.

16

Bijvoeglijke naamwoorden

Bijvoeglijke naamwoorden

- **Eigenschappen**: in tegenstelling tot het Nederlands zijn ze **onveranderlijk** (richten zich dus niet naar het zelfstandig naamwoord waar ze bijhoren, bv.: a red car, a red house, red onions), maar verder is het gebruik gelijk, dus voor het zelfstandig naamwoord (bv.: a blue pen), als bijvoeglijke bepaling van het onderwerp achter het werkwoord (bv.: this cake is delicious) en m.b.t. het voorwerp achter dat voorwerp (bv.: I find this film boring). **Merk op** dat niet alleen voor **nationaliteit** maar ook m.b.t. **godsdienst** een **hoofdletter** geschreven moet worden (bv.: he is a German musician / this is an Orthodox church).

- **Volgorde**: bij opeenvolgende bijvoeglijke naamwoorden rangschikt men ze van subjectief naar objectief: mening, grootte, leeftijd, vorm, kleur, oorsprong, stof, functie/bedoeling (bv.: a horrible white German dog / a beautiful black leather armchair); behoren verscheidene bijvoeglijke naamwoorden tot eenzelfde categorie, dan staan ze van kort naar lang (bv.: a long, enormous car).

1 **Zet de woorden in de juiste volgorde:**

1. plastic/phone/ugly/red/a(n)

➜ ....

2. sweater/blue/cotton/old/horrible/a(n)

➜ ....

3. tall/German/nice/a/lady

➜ ....

4. Canadian/novel/exciting/long/a(n)

➜ ....

Bijzonderheden

- **Een paar bijvoeglijke naamwoorden staan nooit voor het zelfstandig naamwoord**: alone (men zegt: a single man), afraid (men zegt: a frightened man), alive (men zegt: a living man), well (men zegt: a healthy man), ill (men zegt: a sick man), glad (men zegt: a happy man) en die op **-able** en **-ible** (men zegt: something imaginable/possible).

- **Volgt op het bijvoeglijk naamwoord een bepaling, dan staat het achter het zelfstandig naamwoord** (bv.: a man interested in poetry).

2 **Vink de juiste oplossing(en) aan:**

1. I slept in a ... bed.
- [ ] **a.** soft, cozy, and comfortable
- [ ] **b.** comfortable, cozy, and soft
- [ ] **c.** comfortable, soft, and cozy

2. I bought a ... box at the market.
- [ ] **a.** beautiful, ancient, oval, brown, Indian, wooden
- [ ] **b.** brown, Indian, ancient, oval, beautiful, wooden

3. A man who is not dead is...
- [ ] **a.** an alive man
- [ ] **b.** alive
- [ ] **c.** a living man

4. A man who is not married is...
- [ ] **a.** an alone man
- [ ] **b.** a single man
- [ ] **c.** single
- [ ] **d.** a bachelor

5. A man who is not well is...
- [ ] **a.** sick
- [ ] **b.** a sick man
- [ ] **c.** an ill man
- [ ] **d.** ill

3 **Verbeter de fouten in de tekst; schrap de foute woorden in de tekst en schrijf ze dan correct op de daarvoor bestemde regels:**

My friend Enzo is a passionate man about cars. He likes ancients cars more particularly. Last month, he bought this racing, orange, new, wonderful car. I think it's an itallan car. He said he wanted a red one but had taken it because orange was the only available colour. He looks a bit eccentric in a car this colour. Enzo is spanish. Last week he went back to Spain to celebrate a catholic holiday with his family and suggested that I go with him, so I did. He is a driver fast and I must say I was afraid to go with him in a sports car but I enjoyed it!

Samengestelde bijvoeglijke naamwoorden

Het gebruik van samengestelde bijvoeglijke naamwoorden in het Engels is vergelijkbaar met dat in het Nederlands (bv.: a broad-shouldered man ➜ een breedgeschouderde man).

Er zijn vijf types samenstellingen:

1. met een zelfstandig/bijvoeglijk naamwoord + bijvoeglijk naamwoord (bv.: sea-blue eyes, light blue water)

2. met een bijvoeglijk + zelfstandig naamwoord + **-ed** (bv.: a blue-eyed boy)

3. met een zelfstandig/bijvoeglijk naamwoord + voltooid deelwoord voor een passieve betekenis (bv.: a handmade object, a big-boned woman)

4. met een zelfstandig/bijvoeglijk naamwoord + werkwoord in de **-ing**-vorm voor een actieve betekenis (bv.: a time-consuming activity, an English-speaking guide)

5. met een getal, om aan te geven **uit hoeveel stuks** iets bestaat, waarbij dat iets onveranderlijk is (bv.: a five-hundred-page book).

---

4 Vink de juiste vertaling aan:

1. met open geest:
- ☐ **a.** open-minded
- ☐ **b.** mind-opened
- ☐ **c.** open-minding

2. rechtshandig:
- ☐ **a.** right-handing
- ☐ **b.** right-handed
- ☐ **c.** hand-righted

3. vetvrij:
- ☐ **a.** free-fat
- ☐ **b.** fat-freed
- ☐ **c.** fat-free

4. met lange mouwen:
- ☐ **a.** sleeved-long
- ☐ **b.** long-sleeved
- ☐ **c.** long-sleeving

5. langdurig:
- ☐ **a.** long-lasting
- ☐ **b.** long-lasted
- ☐ **c.** last-longing

---

5 Verbind de samengestelde adjectieven met hun definitie:

1. short-lived •
2. part-time •
3. second-hand •
4. easy-going •
5. brand-new •

- • **a.** splinternieuw
- • **b.** vlot
- • **c.** tweedehands
- • **d.** kortstondig
- • **e.** deeltijds

6 Verbind de bij elkaar horende elementen:

1. well •
2. good •
3. hard •
4. middle •
5. long •

- • **a.** looking
- • **b.** aged
- • **c.** paid
- • **d.** working
- • **e.** haired

7 Welk samengesteld adjectief vervangt de omschrijvingen?

1. A pizza which is made at home, by yourself, is a .... pizza.

2. A woman with green eyes is a .... - .... woman.

3. A soap that smells sweet is a .... - .... soap.

4. A boy who is 14 is a .... - .... - .... boy.

Woordenschat m.b.t. de natuur, het weer en dieren

Even herhalen:

Voor **de natuur** zegt men **nature** (zonder het lidwoord **the**!), maar ook **the wild**, zoals in de uitdrukking **the call of the wild** (= de roep van de natuur).

Voor **Wat voor weer is het?** zegt men **What's the weather like?**

En huisdieren noemt men **pets**.

8 Geef de Engelse/Nederlandse vertaling:

Nederlands		winter	hemel	maan		
Engels	summer				star	sea

Nederlands	golf	strand	platteland	gras		meer
Engels				island		

Nederlands		berg	boom	bloem		
Engels	leaf				wood	spring

9 Vervolledig de vertalingen:

1. weer: **WE _ _ _ ER**

4. zon: **_ _ N**

7. mist: **F _ _**

2. regen: **R _ _ N**

5. sneeuw: **SN _ _**

8. warm: **H _ _**

3. wolk: **_ _ _ UD**

6. wind: **W _ _ D**

9. koud: **C _ _ D**

10 What's the weather like... Vink de juiste weerstoestand(en) aan:

1. ... in London?	2. ... in Rome?	3. ... in New York?	4. ... in Paris?
☐ **a.** it's clouding	☐ **a.** it's sunning	☐ **a.** it's windy	☐ **a.** it's raining
☐ **b.** it's cloudy	☐ **b.** it's sunny	☐ **b.** it's winding	☐ **b.** it's rainy

11 Herschik de letters om de vertaling van de dieren te vinden:

1. hond	**OGD**	8. koe	**OWC** ....
2. kat, poes	**TAC**	9. geit	**TOGA** ....
3. paard	**ESOHR**	10. eend	**CUDK** ....
4. ezel	**NYODEK**	11. aap	**YOMENK** ....
5. konijn	**TIRABB**	12. muis	**SOUME** ....
6. schaap	**PESEH**	13. vogel	**RIBD** ....
7. varken	**GIP**	14. vis	**IFHS** ....

Hoe spreek je die klank alweer uit?

Niet alle letters en lettergroepen worden in het Nederlands en Engels op dezelfde manier uitgesproken, wat tot typische uitspraakfouten leidt. Laat jij je misleiden?

12 Omcirkel het rijmwoord en gebruik het passende woord in de zin:

1. **sweet** rijmt op: **seat** - **eat** - **bet**

2. **sweat** rijmt op: **feet** - **great** - **wet**

→ Sorry I'm covered in ...., I have been running.
Thank you for your gift. How .... of you!

3. **shout** rijmt op: **boot** - **about** - **fought**

4. **shoot** rijmt op: **doubt** - **not** - **foot**

→ Don't .... like that! I'm not deaf!
I have never tried ....ing a gun.

5. **bird** rijmt op: **heard** - **eared** - **weird**

6. **beard** rijmt op: **feared** - **aired** - **fired**

→ Peter has grown a ....
The children wanted a .... We got them a canary.

7. **beer** rijmt op: **dear** - **wear**

8. **bear** rijmt op: **swear** - **fear**

→ Winnie the Pooh is a cartoon ....
Guinness is a brand of ....

13 Duid de juiste oplossing(en) aan:

1. **aren't** klinkt zoals...
   aunt - **ant** - **hunt**

2. **answer** rijmt op...
   officer - **swear**

3. **because** rijmt op...
   nose - **was** - **laws**

4. de gh in **enough** klinkt zoals in...
   dough - **Doug** - **laugh**

5. **famous** rijmt op...
   moose - **virus** - **goose** - **us**

6. **says** rijmt op...
   fez - **plays** - **stays**

7. **said** rijmt op...
   paid - **afraid** - **bed**

8. **young** rijmt op...
   among - **sung** - **tongue**

Gefeliciteerd! Alweer een hoofd-stuk afgewerkt! Tijd om de icoontjes op te tellen en over te brengen naar pagina 128 voor je eindevaluatie.

17

Bijwoorden

Bijwoorden

• Functie en vorming

Bijwoorden geven informatie over een werkwoord (bv.: he drives **well**), een bijvoeglijk naamwoord (bv.: he drives a **very** old car) of een ander bijwoord (bv.: he drives **very** well). Ze beantwoorden vaak de vragen **waar?**, **wanneer?**, **hoe?**, **waarom?**

Veel bijwoorden worden afgeleid van een bijvoeglijk naamwoord door er het suffix **-ly** achter te zetten (bv.: slowly, nicely, precisely), een aantal bijwoorden heeft een eigen vorm (bv.: always, well, before).

• Soorten bijwoorden

Versterkende bijwoorden (bv.: really, very, completely, absolutely, so, well) en verzachtende bijwoorden (bv.: almost, nearly), bijwoorden van wijze (bv.: slowly, quietly), van plaats (bv.: here, there), van frequentie (bv.: every day, often), van tijd (bv.: before, now, early, first), van doel (bv.: to, so as to) enz.

1 Niet alle woorden die uitgaan op -ly zijn bijwoorden, maar soms bijvoeglijke naamwoorden; omcirkel het adjectief dat in elk rijtje van bijwoorden is geslopen:

1. **lovely   nicely   simply   freely**

2. **directly   easily   silly   softly**

3. angrily   friendly   happily   loudly

4. **shyly   oddly   generally   lively**

5. LONELY   CAREFULLY   HIGHLY   PERFECTLY

6. quietly   needy   suddenly   quickly

7. **wrongly   dangerously   gladly   costly**

8. cowardly   fortunately   rapidly   clearly

Plaats van bijwoorden

- achter het hulpwerkwoord als er een in de zin staat (bv.: I have always liked horror movies)

- aan het begin van de zin bij **bijwoorden van modaliteit,** zoals perhaps en maybe, en bij **bijwoorden van mening,** zoals frankly, honestly, personally

- aan het begin of einde van de zin bij **bijwoorden van bepaalde tijd** (bv.: yesterday, tomorrow) en **bijwoorden van plaats** (bv.: outside)

- net voor het werkwoord bij **bijwoorden van onbepaalde frequentie** (bv.: always, often, usually, never) en bij **almost**, **certainly**, **hardly**, **nearly**, **probably**, **simply** (bv.: I've always hated coffee / he has almost died)

- achter het werkwoord en zijn bepaling bij **bijwoorden van wijze** (bv.: take it off slowly)

- meestal aan het einde van de zin bij **bijwoorden van tijd**, **plaats** en **wijze** zoals weekly, badly, well, either, too, as well, enormously, a little, a lot, much,... (bv.: he runs daily / he runs a lot)

2 De bijwoorden zijn omcirkeld omdat ze niet op de juiste plaats staan. Zet een pijltje van de blauwe cirkel naar de plaats waar de bijwoorden in de zin horen te staan:

1. I go (rarely) to the cinema.

2. Do you go shopping (often)?

3. Have (ever) you been to Japan?

4. I didn't understand (well) the lesson.

5. They (daily) watch the news.

6. She has (always) a sandwich for lunch.

3 Zet de elementen in de juiste volgorde om een correcte zin te vormen:

1. runs/work/regularly/he/after ➜ ....

2. to work/on foot/go/I/usually ➜ ....

3. the race/will/he/win/probably ➜ ....

4. much/she/tea/like/doesn't ➜ ....

5. soon/I/you/hope/to see/sincerely ➜ ....

6. should/perhaps/drive/more/you/carefully ➜ ....

 **Herschrijf elke zin met het bijwoord erin opgenomen:**

1. I go on beach holidays **(ALWAYS)**

→ ....

2. Paul turned down the invitation **(POLITELY)**

→ ....

3. They go out **(OFTEN)**

→ ....

4. I don't think he will win. **(FRANKLY)**

→ ....

5. He is not wrong. **(ENTIRELY)**

→ ....

6. Do you go to the opera? **(SOMETIMES)**

→ ....

Verbindingswoorden

- Verbindingswoorden kunnen zinnen en zinsdelen op een logische manier met elkaar verbinden. Ook bijwoorden kunnen dat. Er zijn verschillende verbanden mogelijk: **doel** (met bv. to, in order to, so as to), **veronderstelling** (met bv. if, even if), **oorzaak** (met bv. because, as, because of, thanks to), **gevolg** (met bv. so, therefore, as a consequence), **toegeving** (met bv. even if, although, despite, in spite of, however, instead of, though, unless, as long as), **tegenstelling** (met bv. yet, but, on the contrary, unlike, whereas, no longer, not any more), **aaneenschakeling** (met bv. and, moreover, too, as well, even, first of all, then, finally).

- **Opmerking: although** leidt een bijzin in (bv. he is wrong, although he will not admit it); op **despite** en **in spite of** volgt een naamwoord (bv. Despite the price, I bought it. / I bought it in spite of the price.); **yet** en **moreover** staan vaak aan het begin van een zin (bv. He didn't want to come along. Yet, he did. / He didn't feel like coming. Moreover he was tired.).

5 Verbind elk begin van een zin met het passende vervolg:

1.
she went to
the baker's...

2.
He went to bed
just after dinner...

a.
but I have
to work.

b.
Therefore,
vegans don't
consume any.

c.
if the weather
is fine.

3.
We'll go on
a picnic...

4.
Although I don't
like walking...

5.
I'd like to
come to the
party...

d.
to buy
some bread.

e.
I always try to
go to work
on foot.

6.
Milk comes
from an animal.

f.
because he
needed to get
up at 4 a.m.

6 Omcirkel het logische verbindingswoord:

1. We had dinner and **(as well** - **secondly** - **then)** we went to see a movie.

2. I love science fiction films **(unlike** - **whereas** - **instead of)** you prefer dramas.

3. I'm not very good at maths, **(but** - **yet** - **so)** I can't help you.

4. The match was cancelled **(because** - **in spite of** - **because of)** the rain.

5. (As long as - **Unlike** - **Unless)** you hurry up, you'll miss your train!

7 **Duid het logische verbindingswoord aan:**

1. I will run the marathon … it rains.
a. though   b. however   c. despite   d. even if

2. You can borrow my car … you drive carefully.
a. as long as   b. unless   c. even if
d. though

3. I passed my exam … Lisa's help.
a. because   b. despite   c. thanks to
d. in spite of

4. They failed their driving test. …, they cannot drive.
a. Because of   b. As a consequence
c. Yet   d. So as to

5. … her brother, who loves meat, Jane is a vegetarian.
a. whereas   b. unless
c. unlike   d. as well

8 **De vijf hieronder gebruikte verbindingswoorden staan niet op hun plaats; zet ze in de juiste zin:**

1. I **HOWEVER** smoke. I **SO** stopped last year.

2. She's studied psychology and criminology **FINALLY**.

3. I love this house, **NO LONGER**, I don't have enough money to buy it.

4. I phoned her but she wasn't home, **AS WELL** I left a message.

→ ....

→ ....

→ ....

→ ....

Klemtoon

De lettergreep die in een woord met meer nadruk en langer uitgesproken wordt dan de andere draagt de zgn. **klemtoon**. In woordenboeken wordt dit veelal aangeduid met een apostrof voor de beklemtoonde lettergreep. In onze voorbeelden zullen we deze beklemtoonde lettergreep voor alle duidelijkheid ook nog in vette letters zetten. Vb.: in het woord **fantastic** hoor je vooral **ta**, vandaar dat wij het als fan'**tas**tic weergeven). Juist beklemtonen leer je al doende, uit gewoonte en door veelvuldig contact met de taal. Je kan niet willekeurig klemtonen leggen en dus zijn er een aantal regels om je te leiden.

Klemtoon in woorden met 1 of 2 lettergrepen

- In **tweelettergrepige woorden zonder suffix** wordt meestal de 1ᵉ lettergreep beklemtoond (bv.: **'ta**ble, **'i**mage, **'doc**tor), maar er zijn uitzonderingen (bv. he**'llo**). Is de 1ᵉ lettergreep een prefix, dan valt de klemtoon op de 2ᵉ lettergreep (bv. mis**'ta**ke, a**'way**, for**'give**), maar ook hier zijn er uitzonderingen (bv. **'co**lleague, **'in**come). Bevat de laatste lettergreep **aa**, **ee**, **ese**, **ette**, **eer**, **oo**, **ade**, dan krijgt die de klemtoon (bv. cru**'sade**, laun**'drette**, ba**'zaar**, ba**'lloon**, ve**'neer**).

- **Eenlettergrepige woorden** worden beklemtoond in de zin, behalve als het hulpwerkwoorden, voorzetsels of lidwoorden zijn (bv. the **'cat** is on the **'cou**ch).

9 Elk rijtje bevat een woord met klemtoon op de 2ᵉ lettergreep, welk woord is dat?

1. image - people - July - children → ....

2. angry - ago - money - mountain → ....

3. promise - career - effort - killer → ....

4. napkin - pepper - taboo - riddle → ....

5. single - Chinese - toilet - verdict → ....

10 Elk rijtje bevat een woord met klemtoon op de 1ᵉ lettergreep, welk woord is dat?

1. across - extreme - surprise - virus → ....

2. asleep - today - cocoon - basket → ....

3. trainee - insect - unfit - unreal → ....

4. unfair - across - enough - apple → ....

5. flavour - again - ago - baboon → ....

Gefeliciteerd! Hoofdstuk 17 zit erop! Tijd om de icoontjes op te tellen en het resultaat over te brengen naar pagina 128 voor je eindevaluatie.

18

Voorzetsels

Voorzetsels

• Werkwoorden en voorzetsels

Verwar werkwoorden die met een voorzetsel gebruikt worden niet met werkwoorden waar een partikel bij hoort (zgn. phrasal verbs, die in het volgende hoofdstuk aan bod komen). Vergelijk hiertoe in het Nederlands "de pot staat op de tafel" met "Lies staat op om 7u": het partikel maakt deel uit van het werkwoord terwijl **het voorzetsel** een verband legt tussen het werkwoord en het naamwoord. Engels voorbeeld: in "he signed in yesterday" maakt **in** als partikel deel uit van to sign in (intekenen), terwijl in "he lives in Paris" **in** als voorzetsel een verband legt tussen to live en Paris.

• Veel gebruikte voorzetsels

– **at:** aan, bij, in, naar, op, te,... ➜ bepaalde plaats, tijd,... (bv.: I'll meet you at the station at ten o'clock)

– **from:** uit, van, vanaf, vanuit,... ➜ begin-/vertrekpunt, oorsprong (bv.: I'm on holidays from the 5th to the 20th / he comes from Berlin)

– **on:** betekent veelal op (bv. the cat's on the table)

– **out:** uit, buiten,... (bv. take the groceries out of the bag / to be out of town)

– **to:** betekent veelal naar, tot,... ➜ eindpunt (bv. I'm going to the cinema / I work from Monday to Sunday / I drove from Paris to Nice)

I Vul aan met *at, to, from, from ... to, on* of *out:*

1. My keys were .... the table. Have you seen them?

2. Could you take the rubbish ....?

3. I saw James today .... the bus stop. He was going .... work.

4. I will be away .... the 10th .... the 21st.

5. She lives in London but she is .... Ireland.

Meer voorzetsels

– **across :** over, tegenover, over/door ... heen,... (bv. he swam across the Channel)

– **around:** rond(om),... (bv. to look around / I just walked around)

– **by:** bij/langs, met, door middel van, tegen,... (ex. : they walked by the river / by bus / by three o'clock)

– **in:** in, binnen,... (bv. my glasses are in a case / I live in Paris)

– **for:** voor, naar,... (reden, bestemmeling, doel,...) (bv. the reason for the delay is unknown / this present is for you / they are searching for oil in this area)

– **of:** van,... (bv. free of charge, to die of cancer, to have a good knowledge of English)

– **over:** over/boven (... heen),... (bv. he stepped over the wall / I spread a comforter over the sofa)

– **through:** door (... heen) (bv. he threw the book through the window)

2 **Omcirkel het passende voorzetsel:**

1. A dangerous criminal has escaped **(of - over - from)** prison.

2. I would love to live **(around - at - by)** the sea.

3. She has travelled all **(through - around - across)** the world.

4. I spilled wine all **(across - through - over)** the table.

5. "A way **(over - through - out)**" is a solution.

6. We can see everything **(through - across - around)** this curtain.

7. She was born **(at - in - from)** Dublin.

Voorzetselgebruik: Engels vs Nederlands

- Sommige werkwoorden/naamwoorden staan zowel in het Engels als in het Nederlands met een voorzetsel, maar dat is niet altijd hetzelfde (bv. wait **for** - wachten **op** / a quarter **to** ten = kwart **voor** tien / **for** example - bijvoorbeeld).

- Soms gebruikt men in het Nederlands een voorzetsel, maar in het Engels niet (bv. een korting **van** 10% - a 10% reduction / twijfelen aan - **doubt,** lijken op - **resemble**).

- Soms gebruikt men in het Engels een voorzetsel, maar in het Nederlands niet (bv. **a glass of milk** - een glas melk / the city **of** London - de stad Londen / according **to** - volgens).

Onthoud dus de volledige combinaties, want letterlijk vertalen kan tot misverstanden of onbegrip leiden!

3 **Vul aan met *of, in, for, on, to* of niets [∅]:**

1. The decision doesn't depend .... you.

2. He answered .... the questions the detective asked.

3. Don't wait .... me. I'm going to be late.

4. I listen .... the radio all day.

5. Do you believe .... God?

6. It's a miracle. She's survived .... the accident.

7. It smells good in here. It smells .... coffee.

4 **Omcirkel het juiste voorzetsel:**

1. Are you afraid ... spiders? **(at - of - on)**

2. I've never been very good ... maths. **(in - at - on)**

3. He's very interested ... photography. **(in - on - of)**

4. She is very different ... her sister. **(on - of - from)**

5. He is responsible ... the accident. **(on - of - for)**

5 Verbind de uitdrukkingen met hun vertaling

1. for instance • • **a.** per ongeluk

2. instead of • • **b.** in plaats van

3. by mistake • • **c.** bijvoorbeeld

4. at least • • **d.** integendeel

5. on the contrary • • **e.** ten minste

Naar de stad

Het woord **stad** kan vertaald worden door **town** of **city**: **town** voor een kleine of middelgrote stad, **city** voor een grote stad. Test je woordenschat over dit onderwerp met de volgende oefeningen.

6 Verbind de plaatsen met hun vertaling:

1. post office • • **a.** postkantoor

2. town centre • • **b.** politiebureau

3. station • • **c.** stad-, raadhuis

4. town hall • • **d.** station

5. police station • • **e.** stadscentrum

7 Herschik de letters om de vertaling van de volgende woorden te vinden:

1. metro → NDDERGROUUN → ....

2. verkeer → CITFAFR → ....

3. kruispunt → CROROADSSS → ....

4. parking → ARC ARPK → ....

5. voorstad → BRUBUS → ....

6. verkeersopstopping → AFFICTR AJM → ....

8 Zet het juiste nummer in het vakje onder de tekeningen:

1. zebra crossing **2.** turn right **3.** turn left **4.** traffic lights **5.** straight on

9 **Verbind de plaatsaanduidingen met hun vertaling:** ••

1. over	•	•	**a.** middenin
2. among	•	•	**b.** dichtbij
3. in front of	•	•	**c.** boven
4. around	•	•	**d.** tussen
5. in the middle	•	•	**e.** onder
6. near/close to	•	•	**f.** achter
7. next to	•	•	**g.** tegenover
8. somewhere else	•	•	**h.** tussen/onder
9. nowhere	•	•	**i.** over/boven
10. between	•	•	**j.** nergens
11. everywhere	•	•	**k.** rond(om)
12. above	•	•	**l.** naast
13. behind	•	•	**m.** ergens anders, elders
14. under	•	•	**n.** overal

Klemtoon in woorden met 2 lettergrepen (vervolg)

Tweelettergrepige woorden hebben hun klemtoon op de 1^e lettergreep als ze een naamwoord zijn en op de 2^e als werkwoord (bv. a **'con**test / to con**'test**), maar er zijn uitzonderingen (bv. to **'al**ter, to **'co**mment, to **'suf**fer, to **'da**mage, to **'pro**fit). Bovendien beklemtonen werkwoorden op **-ow**, **-en**, **-y**, **-er**, **-le**, **-ish** hun 1e lettergreep (bv. to **'en**vy, to **'sho**wer, to **'fi**nish).

overal nergens elders naast

10 In elk rijtje staat één werkwoord met klemtoon op de 1ᵉ lettergreep, welk woord?

1. to accept, to adopt, to agree, to answer ➜ ....

2. to comfort, to combine, to complain, to conclude ➜ ....

3. to decide, to differ, to define, to divorce ➜ ....

4. to emerge, to employ, to enter, to escape ➜ ....

5. to suggest, to suppose, to survive, to suffer ➜ ....

6. to obey, to offend, to oppose, to offer ➜ ....

7. to afford, to copy, to control, to debate ➜ ....

8. to despair, to divide, to envy, to enjoy ➜ ....

9. to open, to evade, to propose, to protect ➜ ....

10. to possess, to support, to surprise, to publish ➜ ....

11 Wat past niet in het rijtje?

1. to finish - to adapt - to collect

2. to deserve - to borrow - to dismiss

3. to worry - to oppose - to follow

4. to permit - to cover - to believe

5. to listen - to pretend - to avoid

12 Duid in elk tweede deel de klemtoon aan, zoals in het voorbeeld:

Vb.: a 'permit / to per'mit

1. he made a '**pro**test / he likes to protest

2. he wants to ob'**je**ct / what is this object?

3. this produce is an '**im**port / we import from India

4. teenagers like to re'**be**l / he is a rebel

5. the police re'**co**rd interviews / I collect records

Gefeliciteerd! Ook hoofdstuk 18 is afgewerkt! Tijd om de icoontjes op te tellen en het resultaat over te brengen naar pagina 128 voor je eindevaluatie.

19

Werkwoorden met partikel (*phrasal verbs*)

Principe en werking

Bij phrasal verbs maakt het partikel (hoewel het op zich ook een voorzetsel/bijwoord is) deel uit van het werkwoord (hoewel het er in het Engels niet aan vast geschreven wordt) en bepaalt het er de betekenis van. Het is vergelijkbaar met onze scheidbare werkwoorden, bv. to go (gaan), to go **on** (**voort**gaan), to go **away** (**weg**gaan), don't go **back** (ga niet **terug**). Soms betekent de groep "werkwoord + partikel" iets anders dan de optelling van de betekenis van het werkwoord alleen en het partikel alleen, bv. to look = kijken en after = na, maar to look after = verzorgen. Soms versterkt het partikel gewoon het werkwoord (bv. please slow down, met **down** als versterker van het langzamer worden dat al in **to slow** zit).

Opmerking: bij een werkwoord kan ook een voorzetsel staan dat een verband met een naamwoord uitdrukt (cf. hoofdstuk 18), bv. when are you going **to** London? / please go on **with** your exercises.

---

1 Zijn de onderstreepte constructies werkwoorden met partikel (*phrasal verbs*) of gewoon werkwoorden waarop een voorzetsel volgt? Vink het juiste vakje aan:

1. We <u>checked in</u> at a 5 star hotel. ☐ ww. met partikel ☐ ww. + voorzetsel

2. My phone <u>is in</u> the car. ☐ ww. met partikel ☐ ww. + voorzetsel

3. The cat is <u>sleeping on</u> the couch. ☐ ww. met partikel ☐ ww. + voorzetsel

4. Don't mind me. <u>Carry on</u>! ☐ ww. met partikel ☐ ww. + voorzetsel

5. The sun <u>is up</u>. ☐ ww. met partikel ☐ ww. + voorzetsel

6. We're getting late, <u>hurry up</u>! ☐ ww. met partikel ☐ ww. + voorzetsel

7. He was <u>brought up</u> by his aunt. ☐ ww. met partikel ☐ ww. + voorzetsel

8. <u>Throw</u> it <u>out</u> of the window! ☐ ww. met partikel ☐ ww. + voorzetsel

9. "<u>Watch out</u>!" means "be careful!" ☐ ww. met partikel ☐ ww. + voorzetsel

10. We had a try but it didn't <u>work out</u>. ☐ ww. met partikel ☐ ww. + voorzetsel

11. The car <u>went down</u> the avenue. ☐ ww. met partikel ☐ ww. + voorzetsel

12. You should <u>cut back on</u> cigarettes. ☐ ww. met partikel ☐ ww. + voorzetsel

Betekenis van de partikels

Binnen **phrasal verbs** is de betekenis van de partikels dikwijls abstracter dan als voorzetsel/bijwoord. De meest gebruikte partikels drukken de volgende gedachten uit:

- **away**: verwijdering (weg-) of vermindering (bv.: to put things away = spullen wegzetten, opbergen / to fade away = stilaan verdwijnen, vervagen)

- **back**: terugkeer of achter-, inhouden (bv. to pay back = terugbetalen / to hold back your tears = je tranen inhouden)

- **in**: voltooiing, volledigheid (bv. to fill in a form = een formulier invullen)

- **off**: uitdoen, onderbreken, vertrek (bv. to switch off TV = de tv uitschakelen / to be off = weg zijn, vertrekken / we were cut off during our phone conversation = ons telefoongesprek werd onderbroken)

- **on**: voort- of aandoen (bv. to sing on = voortzingen / to switch on the light = het licht aandoen)

2 Verbind de *phrasal verbs* met hun synoniem:

1. come back
2. carry on
3. give in
4. get away
5. hang on
6. call off

a. continue
b. wait a minute
c. cancel
d. escape
e. abandon
f. return

Betekenis van de partikels (vervolg)

- **out**: uit-,... (bv. to speak out = vrijuit, duidelijk spreken / the sheets were handed out to the pupils = de bladen werden uitgedeeld aan de leerlingen / the war broke out = de oorlog brak uit / my shoes are worn out = mijn schoenen zijn afgedragen)

- **up** en **down** : op- en af- (bv. to get up / sit down), maar **up** slaat ook op voltooiing (bv. to button up = dichtknopen, afronden), vermeerdering, verbetering (bv. to cheer up = opvrolijken) en **down** op vermindering, verslechtering (bv. to play down = minimaliseren).

WERKWOORDEN MET PARTIKEL (PHRASAL VERBS)

3 Zet een van de partikels hiernaast bij het basiswerkwoord *look* in overeenstemming met de definitie:

for

up

up to

down on

out

1. to look something................. → to search information in a book/database

2. to look .... → to consider inferior, to despise

3. to look .... → to admire

4. to look .... → to try to find something

5. to look .... → be careful

4 Vul de zinnen aan met onderstaande *phrasal verbs*:

keep off   **fall down**   **climb up**   **take off**   **make up**   **burst out**

1. She .... crying when she heard he had died.

2. Don't .... trees, it's dangerous. You're going to ....

3. .... the lawn! It's forbidden to walk on it!

4. You should .... your cap when entering a religious building.

5. "I can't .... my mind" means "I can't decide".

5 Duid het equivalent van de *phrasal verbs* aan:

1. **to pick out** = to choose - to avoid

2. **to turn down** = to go to bed - to reject

3. **to pass away** = to leave - to die

4. **to find out** = to discover - to show

5. **to cut off** = to suppress - to flee

6. **to put up with** = to tolerate - to help

7. **to get on with** = to like - to accompany

8. **to blow up** = to explode - to whistle

9. **to cheer up** = to lift - to become happier

10. **to speak up** = to speak louder - to sing

Eten en drinken

Zoals de Amerikaanse humorist Jackie Mason zegt: "England is the only country where food is more dangerous than sex". Je kan in een Angelsaksisch land best overleven op (Indische) curry, Fish and Chips en allerlei burgers. Schenk je niet meteen je volle vertrouwen aan de ober/serveerster, aarzel je bij de combinatie lamsvlees-muntsaus of durf je een heerlijke haggis (gevulde schapenpens) niet aan, dan raden we je aan je te wapenen met wat culinaire woordenschat!

6 **Vul de zinnen aan met onderstaande woorden:**

starter   LUNCH   rare

hungry   tip   main course

thirsty   meals   well done

dressing   breakfast

1. You eat when you are .... and you drink when you are

....

2. There are generally three .... in a day : ....,

.... and dinner.

3. Meat is eaten .... (not very cooked), medium, or ....

(well cooked).

4. A menu is composed of a ...., a .... and a dessert.

The sauce on a salad is called a ....

5. When you go to the restaurant and you are happy with the service, you can leave

a ....

7 Herschik de letters of vul de ontbrekende letters aan om de vertaling van de etenswaar en drank te vinden:

1. zout: **LTAS** → ....

2. brood → **B _ _ A _**

3. pasta → **P _ _ _ A**

4. peper: **ERPEPP** → ....

5. rijst → **R _ C _**

6. lamsvlees → **L _ _ B**

7. ham → **H _ _**

8. rundvlees → **B _ _ F**

9. garnaal → **SH _ _ M _**

10. melk → **M _ _ K**

11. boter → **B _ _ _ E _**

12. koffie → **C _ F _ _ _**

13. water → **W _ _ _ _**

14. sap → **J _ _ C _**

15. wijn → **_ _ N _**

16. bier → **B _ _ _**

17. mosterd: **DMSRATU** → ....

8 Wat zeg je bij het klinken? Vink het juiste vakje aan:

a. ☐ Cheese!   b. ☐ Jeeze!   c. ☐ Cheers!

9 Vul het rooster in aan de hand van de vertalingen:

Across
1. spinazie
2. appel
3. kool
4. tomaat
5. sla
6. pruim
7. citroen
8. kers
9. prei

Down
A. paprika
B. erwtjes
C. peer
D. komkommer
E. druiven

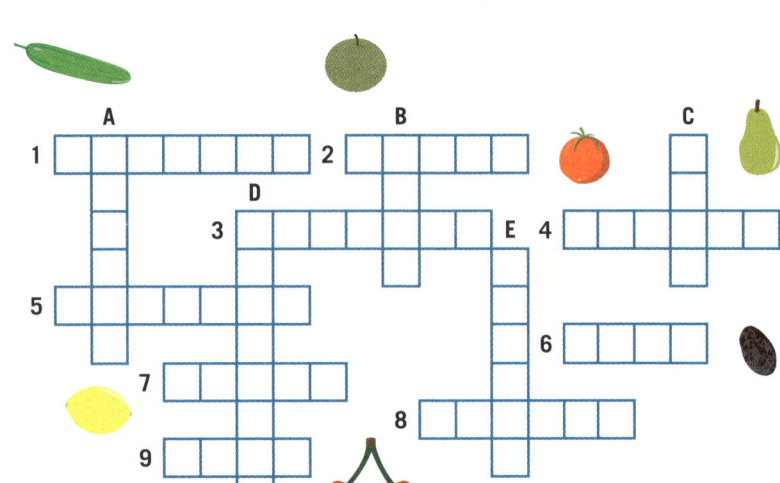

Wat hoort niet in het rijtje?

1. grapefruit - potato - cucumber - pepper

2. carrot - asparagus - bean - pineapple

3. apricot - raspberry - strawberry - lettuce

4. banana - artichoke - mango - orange

Klemtoon in woorden met suffix

De klemtoon in woorden die de neutrale achtervoegsels **-ist**, **-ism**, **-ish**, **-ly**, **-ed**, **-ing**, **-ment**, **-ness**, **-ful**, **-man**, **-able**, **-ship** bevatten, is dezelfde als in het basiswoord (toevoeging van het suffix verandert niets), bv. **'ac**tive ➜ **'ac**tivist / **'so**cial ➜ **'so**cialism / **'in**terest ➜ **'in**teresting).

 Omcirkel de juist beklemtoonde woorden:

1. gradu**'al**ly, trea**'sur**er, **'des**troyed

2. questio**'ning**, deve**'lop**ment, **'men**talist

3. **'ex**ploitable, in**'su**lting, **'plea**santly

4. al**'co**holism, **'a**mazing, in**'ven**ted

5. dog**'ma**tism, beau**'ti**ful, **'part**nership

 **Onderstreep in elk woord de beklemtoonde lettergreep:**

1. amazing - offered - unhappiness - teacher

2. certainly - humanism - fireman - readable

3. elegantly - wonderful - answering - relationship

4. cartoonist - changeable - anxiousness - worrying

5. carefully - naturalist - nourishment - numbered

6. happily - delighted - correctly - friendship

7. painter - contrasting - washable - fairness

8. interesting - meaningful - yellowish - happened

Gefeliciteerd! Je hebt net het voorlaatste hoofdstuk afgewerkt! Tijd om de icoontjes op te tellen en het resultaat over te brengen naar pagina 128 voor je eindevaluatie.

20

Passieve vorm

Algemeenheden

- **Vorming:** onderwerp + vorm van **to be** (vervoegd in de tijd van het werkwoord uit de actieve zin) + voltooid deelwoord van het werkwoord uit de actieve zin (bv. the children broke the vase ➜ the vase was broken by the children)

  – is het agens bekend, dan wordt het ingeleid door **by** (bv. the telephone was invented by Alexander Graham Bell)

  – het onderwerp van de actieve zin wordt agens in de passieve zin en het lijdend voorwerp van de actieve zin wordt onderwerp in de passieve zin (bv. **actieve zin:** a pickpocket stole my purse ➜ **passieve zin:** my purse was stolen by a pickpocket).

- **Vergelijkbaar met het Nederlands:** wil men de nadruk leggen op de actie en op de persoon/zaak die ze ondergaat (bv. this castle was built in the 12th century = dit kasteel werd gebouwd in de 12^e eeuw), en niet op degene die de actie verricht, vooral wanneer diens identiteit onbekend/onbelangrijk is of juist evident blijkt, dan hoeft die niet vermeld te worden (bv. he was assaulted ➜ hij werd aangevallen, maar men weet niet door wie / he was arrested ➜ hij werd aangehouden, wellicht door de politie).

1 Geef het voltooid deelwoord van de volgende werkwoorden:

1. find ➜	**6.** tell ➜	**11.** write ➜ ....
2. send ➜	**7.** forget ➜	**12.** steal ➜ ....
3. be ➜	**8.** hit ➜	**13.** think ➜ ....
4. sing ➜	**9.** cook ➜	**14.** lose ➜ ....
5. cut ➜	**10.** let ➜	**15.** go ➜ ....

2 Zet de volgende zinnen in de passieve vorm:

1. J.K. Rowling wrote *Harry Potter*.

➜ ....

2. Sam's father has designed this car.

➜ ....

Typisch Engelse toepassingen

- bij werkwoorden die een gedachte, mening, uitspraak,... uitdrukken zoals **to know**, **say**, **think**, **believe**, **suppose**, **know**, **consider**, **tell** (bv. he is said to be rich = men zegt dat hij rijk is / I was told that she had died = er werd me verteld dat ze overleden is)

- bij werkwoorden met dubbele agens zoals **to give**, **send**, **teach**, **ask**, **tell**, **show**, **offer**, **lend** (bv. I was given a computer = ze hebben me een computer gegeven, ik kreeg een computer)

waar het Nederlands eerder gebruik maakt van **men/er** of het onpersoonlijk aangewende **je/we/ze** en/of actieve zinnen

 3 Verbind de elementen uit beide kolommen om de vertaling van de Nederlandse zinnen te vormen:

Nederlandse zinnen	A	B
1. Hij is niet te vertrouwen.	He can't ●	● given a mobile.
2. Ze hebben hem een gsm gegeven.	He was ●	● be trusted.
3. De rekening werd betaald.	The bill has ●	● spoken here.
4. Men heeft me gevraagd om een speech te geven.	I was asked ●	● been paid (for).
5. Hier wordt Spaans gesproken.	Spanish is ●	● to deliver a speech.

4 Scheid de woorden op de juiste plaats om de vertalingen te verkrijgen:

1. weweregivenaroomwithaview (we kregen een kamer met uitzicht)

→ ....

2. heissaidtobeaselfishman (men zegt dat hij egoïstisch is)

→ ....

3. theproblemwillbedealtwithbythemechanic (het probleem zal opgelost worden door de monteur)

→ ....

Meer toepassingen

bij **onpersoonlijke wendingen** (bv. dat wordt niet gedaan, hoort niet = it is not done) en **infinitiefconstructies** zoals te zien, te doen, te contacteren (bv. dat valt nog te bekijken = it remains to be seen)

5 **Zet de woorden in de juiste volgorde om een vlotte vertaling te verkrijgen:**

1. in heel de wereld wordt thee gedronken
world/drunk/tea/over/is/all/the

→ ....

2. personen met wie contact moet worden opgenomen in geval van nood
people/case/to/be/an/of/emergency/contacted/in

→ ....

3. men heeft me gezegd dat Peter ernstig ziek was
ill/I/was/Peter/told/that/seriously/was

→ ....

4. hij kreeg een heel interessante baan in Japan aangeboden
job/offered/interesting/he/a/very/was/in/Japan

→ ....

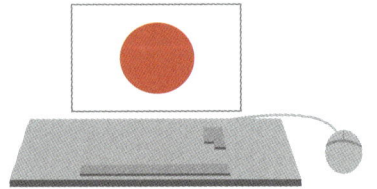

Bij werkwoorden met een voorzetsel

Het voorzetsel dat in de actieve zin bij het werkwoord staat, moet in de passieve vorm aan het einde van de zin staan (bv. the children laughed at the little girl → she was laughed **at**).

6 **Vervolledig de vertalingen en let hierbij op de voorzetsels:**

1. er zal op de kinderen gepast worden → the children will ....
.... (passen/letten op = to take care of)

2. er werd (naar) een oplossing gezocht → a solution .... (zoeken (naar) = to look for)

3. men heeft jaren over dit schandaal gesproken → this scandal ....
for years. (spreken/praten over = to talk about)

Synoniemen

Een synoniem is een woord met (vrijwel) dezelfde betekenis, "a word you use when you can't spell the word you first thought of", zei de Amerikaanse musicus Burt Bacharach! Het kan handig zijn de meest gebruikte te kennen, mocht een woord je niet te binnen schieten, als je je mondelinge/schriftelijke taalvaardigheid wil uitbreiden... of om de oefeningen in dit Assimil-werkboek te maken!

7 Verbind elk woord met zijn synoniem:

1. cure • • **a.** offense
2. rescue • • **b.** accuse
3. crime • • **c.** save
4. sickness • • **d.** heal
5. blame • • **e.** disease

8 Herschik de letters om de synoniemen van de volgende woorden te vinden:

1. agreement: **LADE** .
   → ....
2. strange: **DOD**
   → ....
3. perhaps: **BMYAE**
   → ....
4. prepared: **EYDRA**
   → ....
5. close: **TUHS**
   → ....
6. capable: **EBAL**
   → ....
7. gift: **TNESPRE**
   → ....
8. absent: **SIMSGNI**
   → ....

9 Zet onderstaande woorden bij hun synoniem:

glad   afraid   famous   exhausted
mistake   prison   huge   wonderful

1. popular
   → ....
2. very tired
   → ....
3. fantastic
   → ....
4. enormous
   → ....
5. error
   → ....
6. happy
   → ....
7. scared
   → ....
8. jail
   → ....

10 Wat hoort niet in het rijtje?

1. cute - lovely - sweet - selfish
2. stupid - clever - foolish - silly
3. shy - accurate - correct - right
4. regular - ordinary - unusual - common

11 Scheid de woorden en vind de indringer, zoals in het voorbeeld:

Vb.: cleverbrightstupidintelligent → clever/bright/stupid/intelligent. de indringer is: stupid

1. hugetinygiganticenormous - **de indringer is:** ....
2. pleasedcrossdelightedglad - **de indringer is:** ....
3. angryfuriouskindoutraged - **de indringer is:** ....

Mijn huis, mijn thuis

House slaat op "huis" als gebouw en **home** meer op de haard, de familiekring. Thuis = **at home**.

Wat vind je zoal in een huis...

12 Rangschik de letters zodanig dat je de vertaling van de volgende woorden vindt:

1. venster: **WODNIW**

   → ....

2. muur: **LAWL**

   → ....

3. deur: **OROD**

   → ....

4. leunstoel: **AIRHCMRA**

   → ....

5. kelder: **LLECAR**

   → ....

6. dak: **OFOR**

   → ....

7. trappen: **AIRSST**

   → ....

8. kast: **RDUPCOAB**

   → ....

9. bed: **EDB**

   → ....

10. stoel: **RAIHC**

    → ....

11. sofa: **FAOS**

    → ....

12. keuken: **CHENTIK**

    → ....

13. badkamer: **OMRHTABO**

    → ....

14. flat/appartement: **TALF**

    → ....

Klemtoon in woorden met 3 lettergrepen zonder suffix

Drielettergrepige woorden zonder achtervoegsel worden meestal beklemtoond op de 1e lettergreep (bv. **'di**fficult, **'ye**sterday), tenzij deze een voorvoegsel is of het woord uit het Latijn komt (dan valt de klemtoon op de 2e, bv. dis**'ho**nest, sa**'la**mi, py**'ja**mas), maar er zijn een paar uitzonderingen...

13 Juist of fout?

1. **'a**nimal ☐ Juist ☐ Fout

2. **'e**leven ☐ Juist ☐ Fout

3. **'um**brella ☐ Juist ☐ Fout

4. **'No**vember ☐ Juist ☐ Fout

5. **'to**lerant ☐ Juist ☐ Fout

6. **'cro**codile ☐ Juist ☐ Fout

7. un**'co**mmon ☐ Juist ☐ Fout

Klemtoon in woorden met 3 lettergrepen met niet-neutrale suffixen

bij woorden op -ic/-ics ➜ klemtoon op de voorlaatste lettergreep (bv. eco'**no**mics), maar er zijn een paar uitzonderingen (o.a. '**A**rabic)

FAMILY

14 Onderstreep de beklemtoonde lettergreep (we verwerkten een paar uitzonderingen in de oefening...)

1. family, apricot, potato, remember, origin

2. genetics, allergic, company, automatic

3. consequence, hospital, scientific, vinegar

4. continent, cathedral, politics, Catholic, horizon

Klemtoon in woorden met 3 lettergrepen met niet-neutrale suffixen (vervolg)

bij woorden met het suffix -ial, -ual, -ian, -iar, -ial, -ion, -ious, -sion, -tion, -ient, -cious, -tious, -ible, -ity, -logy, -graphy ➜ klemtoon op de lettergreep voor het suffix (bv. fi'**nan**cial, indi'**vi**dual, ci'**vi**lian, con'**clu**sion, defi'**ni**tion, am'**bi**tious, in'**cre**dible, possi'**bi**lity, ge'**o**graphy, fa'**mi**liar); bij woorden op **-ory/-ary, -ate, -ize** ➜ klemtoon twee lettergrepen voor die uitgang, op de derdelaatste lettergreep (bv. '**ne**cessary, cer'**ti**ficate, '**cri**ticize).

15 Schrap de foute beklemtoningen:

1. famili'**a**rity

2. contri'**bu**tion

3. idea'**li**se

4. '**de**lirious

5. tech'**no**logical

6. re'**mar**kable

16 Onderstreep telkens de beklemtoonde lettergreep:

1. biography, category, derogatory, communicate

2. delicious, impossible, psychology, necessary

3. ambitious, hilarious, technology, majority

4. analyse, communication, impatient, personality

Gefeliciteerd! Je hebt alle hoofdstukken afgewerkt! Tijd om de icoontjes op te tellen en het resultaat over te brengen naar pagina 128 voor je eindevaluatie.

1. Onvoltooid tegenwoordige tijd

1 1.c ; **2.**c ; **3.**b ; **4.**c ; **5.**b ; **6.**a ; **7.**b

2 **1.** You **are always smoking** / You **know** I **hate** that! **2.** The film **begins 3.** I usually **go 4.** I'**m** not **giving 5.** You'**re being**

3 **1.** What **are** you **thinking** about? **2.** He **looks** like his mother **3.** I **need** to go to the doctor's **4.** What **do** you **think** of this book? **5.** The neighbours **have** a new car.

4 1. worries **2.** punishes **3.** finishes **4.** dresses **5.** destroys **6.** buys

5 **1.** living **2.** keeping **3.** wearing **4.** playing **5.** picnicking **6.** admitting **7.** suffering **8.** drawing **9.** breaking

6 **1.** good **2.** well **3.** good **4.** well **5.** good **6.** well/well **7.** good

7 **1.** actually - current **2.** lemon - limme **3.** slim - slank **4.** slechtst(e) - sausage **5.** fabric - factory **6.** uiteindelijk - possibly **7.** small - narrow

8 **1.** as cool as a cucumber **2.** pigs might fly

9 **1.** [iz] ; **2.** [z] ; **3.** [z] ; **4.** [iz] ; **5.** [z] ; **6.** [iz] ; **7.** [iz] ; **8.** [s] ; **9.** [iz] ; **10.** [s]

10 **1.** de eindklank is [z] in alle woorden, **behalve in eats** [s] **2.** de eindklank is [s] in alle woorden, **behalve in burns** [z] **3.** de eindklank is [z] in alle woorden, **behalve in recognizes** [iz] **4.** de eindklank is [z] in alle woorden, **behalve in counts** [s]

2. Voltooid tegenwoordige tijd

1 **1.** since - for **2.** for - since **3.** since - for **4.** for - since

2 1.c ; **2.**a ; **3.**d ; **4.**b ; **5.**f ; **6.**e

3 I have always love**d** Ireland. I **have lived** here since 2005. I'**ve been renting** a nice little flat in Dublin **for** 6 months. I have **found** an interesting job. I'**ve been working** here **for** three months (…) I'**ve been trying** to learn more about Irish cooking for a couple of months (…)

4 **1. I have already done** it. **2.** He **has been smoking 3.** I **have been** (…) **since** 2002 **4. Have** you ever **heard** of (…) ?

5 1.a (hoewel "I am/I feel good" algemeen gangbaar wordt en het gebruikelijk is in Amerikaans Engels) 2.c ; **3.**b ; **4.**a en c ; **5.**a en b ; **6.**c

6 **1.** much **2.** carefully **3.** difficulty **4.** hurt **5.** very **6.** good

7 **1.** De **i** klinkt als [i(e)] in alle woorden behalve in **decide. 2.** De **i** klinkt als [aaj] in alle woorden behalve in **differ. 3.** De **i** klinkt als [aaj] in alle woorden behalve in **children. 4.** De **i** klinkt als [i(e)] in alle woorden behalve in **drive.**

8 **1.**b ; **2.**b ; **3.**a ; **4.**b

9 **1.** try (**y** klinkt hier als [aaj], in de andere woorden als [i]) **2.** neighbour (**ei** klinkt hier als [eej], in de andere woorden als [ie]) **3.** hear **4.** heavy (**y** klinkt hier als [i], in de andere woorden als [aaj]) **5.** justify (**y** klinkt hier als [aaj], in de andere woorden als [i] **6.** funny, crazy, money **7.** sweat (**ea** klinkt hier als [è], in de andere woorden als [ie])

10 **1.** great (deze **ea** klinkt als [eej]) **2.** asylum (deze **y** klinkt als [aaj]) **3.** sign (deze **i** klinkt als [aaj]) **4.** violence (deze **i** klinkt als [aaj]) **5.** badge **6.** geen want overal [i(e)]!

3. Onvoltooid verleden tijd

1 **1.** alleen **know** is onregelmatig **2.** alleen **ask** is regelmatig **3.** alleen **buy** is onregelmatig **4.** alleen **need** is regelmatig **5.** alleen **walk** is regelmatig **6.** alleen **wash** is regelmatig

2 **talk** - regelmatig - talked, **meet** - onregelmatig - met, **drink** - onregelmatig - drank, **become** - onregelmatig - became, **wear** - onregelmatig - wore, **cry** - regelmatig - cried, **open** - regelmatig - opened, **compare** - regelmatig - compared, **let** - onregelmatig - let

3 **1.** left **2.** went **3.** fought **4.** stopped **5.** did not/didn't **6.** worked

4 **1.** did not hear / was having (…) rang. **2.** were (…) doing / was watching **3.** were playing / started **4.** was doing (…) heard / was listening

5 **1.** during **2.** for - since **3.** ago **4.** already **5.** ever **6.** yet

6 **1.** rented (…) for - bought **2.** have broken **3.** have smoked since **4.** saw (…) ago

7 tapped - closed - explained - followed - worried - robbed - lived - preferred - topped - created - believed - studied - chatted - picnicked

8 **1.** take/have a break **2.** have lunch **3.** have a drink **4.** take a bath (US) / have a bath (GB) **5.** take a holiday **6.** take a seat **7.** take/have a look **8.** have fun

9 **1.** I was wrong, you were right **2.** Peter is in a hurry **3.** The children are afraid of the dog **4.** They are cold in the cottage **5.** I often have a headache

10 **1.** easy **2.** freedom **3.** hard **4.** enough **5.** silly

11 **1.** [id] ; **2.** [t] ; **3.** [d] ; **4.** [d] ; **5.** [id]

12 **1.** twee **2.** twee **3.** één **4.** één **5.** twee **6.** twee **7.** drie **8.** twee **9.** twee **10.** één

13 **1.** overal klinkt -**ed** als [d] behalve in **fixed** [t] **2.** overal klinkt -**ed** als [id] behalve in **explained** [d] **3.** overal klinkt -**ed** als [t] behalve in **expected** [id] **4.** overal klinkt -**ed** als [d] behalve in **included** [id]

4. Toekomende tijd

1 1.d ; **2.**e ; **3.**a ; **4.**c ; **5.**b

2 1.b ; **2.**b ; **3.**a ; **4.**c ; **5.**c

3 **1. Shall I close** the window? **2. are getting** married **3.** the play **begins 4. shall** we? **5.** I'**ll go** out

4 **1.** did - made **2.** do - make **3.** make - did **4.** do **5.** make

5 1.c ; **2.**d ; **3.**e ; **4.**a ; **5.**f ; **6.**b

6 aan te vinken woorden, hier verbeterd: ad**d**ress, abbre-viation, mi**rr**or, li**t**erature, co**ff**ee, a**gg**ressive, achi**e**ve, a**c**ross, begi**nn**ing, exa**m**ple, a**p**ricot, cha**r**acter, sho**ck**ing, sy**r**up, fina**ll**y, fu**t**ure, fu**n**ction, lang**u**age, g**u**ard, proje**ct**, r**h**ythm, develo**p**ment, I**r**eland

7 1. husband - wife **2.** daughter **3.** brother - sister **4.** uncle **5.** aunt **6.** mother-in-law **7.** nephew

8 1. dress - suit - clothes - trousers - shirt - jacket - socks - skirt - sweater - coat **2.** purse - cap - hat - shoe - scarf - tie - handkerchief - glove - belt - umbrella

9 1. alleen de **i** in **children** klinkt als [i] **2.** alleen de **i** in **live** klinkt als [i] **3.** alleen de **i** in **spinach** klinkt als [i] **4. eight**, want **eigh** klinkt als [eej] **5.**d

10 korte **[i]:** shit - fill - rid - bin - chip - sit - sick - ship - live - bitch - lick / lange **[ie] :** seek - beach - leek - seat - leave - sheep - read - feel - cheap - bean - sheet

11 1. hit **2.** lives **3.** sleep **4.** sick

12 1. alleen de [i] in **lick** is kort **2. mate** heeft geen [ie], maar klinkt als [meejt] **3.** alleen de [i] in **ill** is kort **4.** in de eerste lettergreep van **sailing** zit de klank [eej] niet [ie] **5.** alleen de [i] in **still** is kort

5. Modale hulpwerkwoorden

1 1. must - should **2.** must **3.** would - could **4.** may - should **5.** can - can

2 1. She said that she would do it **2.** I was not allowed to come **3.** Shouldn't you smoke less? **4.** Would you like to go out tonight? **5.** I will have to do the shopping

3 1. I can arrive (…) **2.** I had to see (…) **3.** I may leave (…) **4.** Will I be allowed to call him? **5.** I must tell them

4 1. thanks **2.** bother **3.** get **4.** see (…) later

5 1. Congratulations! **2. How are** you? **3.** How do you do? **4.** Good luck! **5.** You're welcome / don't mention it / not at all

6 b > c > a > d

7 1.a ; **2.**c ; **3.**a en c ; **4.**c ; **5.**d ; **6.**c

8 1. [e] - [aa] - [e] **2.**a **3.** fashion (de **a** klinkt tussen a en è [æ]) **4.** agony (de **a** klinkt als [æ]) **5.** final (de **a** is stom [e])

9 1. tune (de **u** is geen zachte [ü] maar [joe]) **2. ruby** (de **u** is geen zachte [ü] maar [oe]) **3. fudge** (de **u** is geen [oe] maar [ü] **4. open** (de **o** klinkt hier als [oo^w] en in de andere woorden als zachte [ü]) **5. hood** (enige woord waarin geen zachte [ü] maar een [oe] klinkt)

10 destruction - luck - brother - colour - stuck - seduction - rough

11 1. gibbon **2.** sleigh **3.** getaway **4.** twig

12 germ en giant beginnen met een [dzj]-klank en in spring maakt de g deel uit van de neusklank

13 weigh - though - sigh - borough

6. Vormen met to en -ing

1 1.b ; **2.**a ; **3.**a ; **4.**b

2 1. go **2.** to go **3.** to go **4.** go

3 1. swimming **2.** watching **3.** to see **4.** making **5.** laugh

4 De foute zinnen worden als volgt gecorrigeerd: **1.** Cooking pasta is not as easy as it seems **3.** Why not stay for dinner? **4.** He spends most of his free time travel-ling **5.** I don't mind helping you **7.** Do you enjoy reading detective stories? **8.** Drinking too much tea or wine can stain your teeth **12.** He denied stealing the car

5 1. move/to move **2.** to snow/snowing **3.** bark/barking **4.** to cycle/cycling

6 1.a ; **2.**b ; **3.**b ; **4.**c ; **5.**c

7 **Horizontaal:** **1.** greengrocer **2.** hairdresser **3.** grocery **4.** store **5.** butcher **6.** fishmonger **7.** jeweller **8.** tobacconist **Vertikaal:** **A.** supermarket **B.** florist **C.** petrol station **D.** laundrette **E.** deli **F.** newsagent **G.** baker **H.** chemist

8 1. 's (to the baker's) **2.** 's (to the butcher's) **3.** super-market - department store

9 1. basket - carrier - trolley - customers - buy - labels - prices - check-out - cashier **2.** convenient - items - costs - delivered - order - send - refund

10 1. **many** (deze **a** klinkt als [è]) **2. says** (deze **ay** klinkt als [è]) **3. heritage** (deze **a** klinkt als [i]) **4. delicate** (deze **a** is een stomme [e]) **5. marriage** (deze **a** klinkt als [i])

11 1. **head** [è]: breath - sweat - peasant - treasure - ahead - cleanse **2. great [eej]:** steak **3. heart [aa]:** hearth **4. read [ie]:** breathe - clean - bead - idea - beard - year **5. wear [èè]:** pear - swear - bear **6. anders:** ocean [oo^wsjen], idea [aajdie-e] en create [krie-eejt]

7. Imperatief, korte antwoorden en question tags

1 1. Let us go to the restaurant! **2.** Let them be quiet! **3.** Let us not talk about that!

2 1. Let's go on holiday together! **2.** Don't give me orders! **3.** Let them arrive on time! **4.** Let's not argue about silly things! **5.** Let him not smoke in the building!

3 1.c ; **2.**a ; **3.**d ; **4.**b

4 1. No, I didn't **2.** I hope so **3.** Yes, she does **4.** No, he isn't

5 1. So am I **2.** So have I **3.** Neither did I **4.** So can I **5.** So did I

6 1. will you / would you? **2.** does she? **3.** didn't he? **4.** shall we? **5.** does she?

7 1. Germany **2.** Spain **3.** Japan **4.** Turkey **5.** Norway

8 1.c ; **2.**a ; **3.**b ; **4.**a

9 Wales, Ireland (Ierland), England (Engeland), Scot-land (Schotland)

10 1.b en d ; **2.**c ; **3.**b en c ; **4.**a en c ; **5.**c

11 1. like 2. as 3. as 4. like 5. like

12 1. ship 2. cheat 3. cheap 4. chop 5. chew 6. friet 7. laken 8. schaap 9. winkel 10. schoen

8. Zelfstandige naamwoorden

1 1. mice 2. teeth 3. geese 4. studios 5. women 6. leaves 7. ladies 8. wives 9. men 10. potatoes 11. knives 12. children 13. wolves 14. families 15. sheep 16. shelves

2 De foute zinnen worden als volgt gecorrigeerd: **1.** I had **a piece of fruit 2.** My **pants are** too large **3.** Her favourite class is economi**cs 5.** The **toast is** delicious **7.** He showed Ø remarkable honesty **8.** I had **three pieces of chewing-gum 11.** My **luggage is** heavy

3 1.c ; 2.e ; 3.a ; 4.b ; 5.d

4 1.c ; 2.a

5 A/ 1. hair 2. forehead 3. eye 4. ear 5. cheek 6. nose 7. mouth 8. chin 9. throat 10. neck

B/ 1. head 2. shoulder 3. chest 4. arm 5. belly 6.hand 7. fingers 8. knee 9. leg 10. foot

6 nurse - cough - fever - cold - tablet - physician - sick - prescription - flu - health

7 1.b ; 2.c ; 3.d ; 4.b ; 5.d

8 1.a ; 2.c ; 3.a ; 4.b ; 5.a

9 (Engels-Amerikaans): autumn-**fall** ; lorry-**truck** ; flat-apartment ; biscuits-**cookies** ; underground-**subway** ; **holiday**-vacation ; taxi-**cab**

10 1. store 2. sweater 3. soccer 4. dumb 5. angry

11 1.a ; 2.c ; 3.e ; 4.b ; 5.d

12 1. **wood** (deze **oo** klinkt als [oe]) 2. **laugh** (deze **au** klinkt als een gesloten [aa]) 3. **favour** (deze **ou** klink als een stomme e) 4. **flour** (dit woord wordt op dezelfde manier uitgesproken als flower!)

13 awful - sought - born - wolf

14 1. **hour** (**hour** klinkt als [awe]) 2. **bubble** (deze **u** is een zachte u) 3. **toe** (deze **oe** klinkt als [oo^w]) 4. **flood** (deze **oo** klinkt als een zachte u)

15 rude - juice - soon - sue - drew

16 1. juist 2. fout (de **u** in put klint als [oe], die in cut tussen u en e) 3. juist 4. juist

9. Lidwoorden

1 1.a ; 2. Ø ; 3.a ; 4. the ; 5.a

2 1. Ø ; 2. Ø ; 3. the ; 4. the

3 1. What **a** beautiful house 2. has **a** fever / he cried all Ø night 3. Ø Religion can be 4. in room Ø 35 5. I love Ø milk chocolate

4 1. the 2. Ø 3. Ø 4. Ø - the 5. Ø

5 1.c ; 2.a en d ; 3.a

6 1.e ; 2.d ; 3.a ; 4.c ; 5.b

7 1. way 2. fish 3. tea 4. camel 5. bush

8 1. red 2. boys 3. perfect 4. pie

9 1.a ; 2.c ; 3.b ; 4.c ; 5.b

10 1.d ; 2.e ; 3.b ; 4.c ; 5.a

11 1. travel - train - plane - passport - ticket - airport - departure - luggage - check - flight 2. hotel - travel agency - package - camping - sightseeing - museums - castles - monuments - rent - bike - foot - guide - map - postcards - guesthouse

12 1. **door** (deze **oo** klinkt als [òò]) 2. **blood** (deze **oo** klinkt tussen u en e) 3. **floor** (deze **oo** klinkt als [òò])

13 1. **thousand [au]:** account - south - announce 2. **four [òò]:** pour - your - course - brought 3. **group [oe]:** soup - you - tourist 4. **enough [ü]:** trouble - couple - country - courage - young 5. **journey [öö]:** journal 6. **famous [e]:** enormous

14 1. juist ([ü]) 2. juist ([ao]) 3. fout ([oe] [òò] [oe])

10. Hoeveelheden

1 1. ~~any~~: some 3. ~~some~~: any 6. ~~some~~: any 7. ~~a little~~: a few 9. ~~too much~~: too many 10. ~~a lots of~~: a lot of

2 1. a little 2. many 3. some 4. any

3 1. enough 2. a few 3. all 4. too much 5. no

4 1. We don't have **enough** time 2. Would you like **another** beer? 3. Don't believe **all** the things she says 4. I like **both** cars

5 1. either - or - both 2. several - many 3. the whole - half 4. every 5. plenty of

6 1. a. thirty b. thirteen ; 2. a. one hundred b. one thousand ; 3.b ; 4.d ; 5.b ; 6.b ; 7.a (**geen s** aan thousand / hundred na een cijfer) ; 8.a ; 9.a

7 1. the 1st , the first 2. the 2nd, the second 3. the 3rd, the third 4. the 12th, the twelfth 5. the 18th, the eighteenth

8 1.b ; 2.a ; 3.d ; 4.b ; 5.b ; 6.b

9 1. half 2. third 3. quarter 4. tenth 5. b en c

10 1. 1 - 060 - 890 - 7053 2. bluehairedjohn@gmail. com 3. o two - double o - double two - nine six - o nine 4. C T boy at hotmail dot com

11 1. once 2. twice 3. three times 4. five times 5. twenty times

12 1. [oe]: bull - full - jury 2. [ü]: luck - summer - sun - nut 3. [joe]: universal - university - unique - immature - cure - secure 4. [e]: bonus - virus - figure 5. [öö]: occur - urge - urban 6. bury (wordt op dezelfde manier uitgesproken als berry!)

13 biscuit - build - buy - guess - guardian

11. Trappen van vergelijking

1. **1.** more careful **2.** less spectacular than **3.** older than **4.** as serious as **5.** less dangerous

2. **1.** bigger and bigger **2.** less and less motivated **3.** more and more tired **4.** better and better

3. **1.** worst **2.** least successful **3.** richest **4.** most mysterious **5.** happiest

4. **1.** He is the least ambitious man I know **2.** I wake up earlier and earlier **3.** This is the most dangerous snake in the world **4.** Sparkling wine is not as refined as champagne

5. **1.** once in a blue moon **2.** as blind as a bat **3.** let the cat out of the bag **4.** six feet under

6. **1.** funny **2.** proud **3.** handsome **4.** beautiful **5.** cheerful **6.** angry

7. sorry - selfish - boring - lazy - generous

8. **1.** shy **2.** lonely **3.** quiet **4.** kind **5.** rude **6.** talkative

9. **1.**c ; **2.**b ; **3.**a ; **4.**c ; **5.**b ; **6.**c

10. **1.** forgive **2.** wait **3.** need **4.** hope **5.** believe **6.** understand **7.** agree

11. **1.** trust **2.** wonder **3.** forget **4.** show

12. **1.** case **2.** desert **3.** measure

13. **1.** fatalism (hier klinkt de **s** als [z]) ; **2.**b

14. **1.** (to) think - zinken **2.** although **3.** with - met **4.** day - dag **5.** breath - adem **6.** both - boot **7.** boom

12. Persoonlijke, bezittelijke, wederkerende en wederkerige voornaamwoorden

1. **1.** we **2.** her **3.** her **4.** hers **5.** them **6.** your **7.** us **8.** it **9.** mine

2. **1.** Ø **2.** Ø **3.** to get dressed **4.** feel **5.** relax **6.** Ø

3. **1.** himself **2.** one another **3.** each other **4.** herself **5.** yourself

4. **1.**d ; **2.**a ; **3.**e ; **4.**f ; **5.**c ; **6.**g ; **7.**b

5. **Dagen:** Monday - Tuesday - Wednesday - Thursday - Friday - Saturday - Sunday **Maanden:** January - February - March - April - May - June - July - August - September - October - November - December

6. **1.** on Monday **2.** on Mondays **3.** from - to en until **4.** on - of - in **5.**a

7. **1.** in **2.** in **3.** on the 25th of September **4.** on the 12th of March, in 2015

8. **1.** am, dan pm ; **2.**d ; **3. a:** fourty-five past six (am) OF a quarter to seven (vlotter) ; **b:** one o'clock (pm) ; **c:** half past eleven (pm) ; **d.**c ; **e.**b

9. **Aangeblazen H:** hospital, hit, hill, hero, hate, hilarious, hair, house, behind **onhoorbare H:** hour, honour, heir, honesty, Thailand, shepherd, thyme

10. **1.** angry **2.** hungry **3.** wall **4.** ill **5.** arm - harm **6.** air - hair

13. Bezit uitdrukken en woorden samenstellen

1. **1.** Mr Jones's car **2.** the wife of the man we met yesterday **3.** the end of the film **4.** Helena's husband **5.** dog's ears **6.** the Johnsons' new house

2. **met box:** **1.** breadbox **2.** money box **3.** icebox **4.** mail box **5.** toolbox **met bag:** **1.** schoolbag **2.** shopping bag **3.** sleeping bag **4.** handbag **5.** tea bag

3. **1.** washing machine **2.** painkiller **3.** windbreaker **4.** floorcloth / floor-cloth **5.** toothpaste

4. **1.** dishwasher **2.** butterfly **3.** lipstick **4.** seafood **5.** raincoat **6.** watermelon

5. **1.** said **2.** tell **3.** say **4.** tell **5.** tell - said

6. **1.** talk **2.** speak **3.** talked **4.** speak **5.** speak

7. **1.**c ; **2.**e ; **3.**b ; **4.**f ; **5.**a ; **6.**d

8. **1.** lamb - climb - plumber - comb - doubt - crumb **2.**a **3.** calf - almond - talk - half - calm - palm - walk - could - salmon **4.** listen - castle - soften - mortgage **5.** Ze beginnen allemaal met de lettergroep **kn** waarin de **k** niet uitgesproken wordt.

9. **1.** de letter **g** **2.** de letter **e** in **er 3.** de letter **p**

10. ans(w)er - autum(n) - fa(r)m - dou(b)t - i(s)land - le(o)pard - gran(d)mother

14. Betrekkelijke en vragende voornaamwoorden

1. **1.** which **2.** when **3.** that **4.** who **5.** whose **6.** which of that - what **7.** where

2. **1.** how long **2.** how often **3.** when en how soon **4.** which **5.** who

3. **1.** Whose laptop is this? **2.** When do you take your exam? **3.** Where did you go for the holidays? **4.** Why are you not coming? **5.** How many children do they have? **6.** How far is the station from here? **7.** How much is this?

4. **1.** to end **2.** cheap **3.** safe **4.** early **5.** full **6.** to fail **7.** last **8.** to remember **9.** friend

5. **1.**e ; **2.**a ; **3.**g ; **4.**b ; **5.**d ; **6.**f ; **7.**c

6. **1.** sad **2.** take **3.** old **4.** lend **5.** far **6.** bitter **7.** dirty **8.** hope **9.** win **10.** slim

7. **1.** job **2.** company **3.** unemployed - factory **4.** earn - wages **5.** trade union **6.** retired

8. **1.** policeman **2.** fireman **3.** postman **4.** salesman **5.** fisherman

9. **1.** executive - cook - worker - lawyer - hairdresser - waiter **2.** mechanic - secretary - butcher - farmer - nurse - nanny - teacher - baker - vet - plumber

10. **1.**b ; **2.**e ; **3.**d ; **4.**c ; **5.**a

11 ~~Deer~~ **Dear** / ~~weak~~ **week** / ~~fare~~ **fair** / ~~road~~ **rode** / ~~board~~ **bored** / ~~meet~~ **meat** / ~~leak~~ **leek** / ~~pees~~ **peas** / ~~pairs~~ **pears**

12 1. a new ~~pear~~ **pair** of shoes 2. a ~~leek~~ **leak** under my sink 3. I need to ~~pea~~ **pee**! 4. I can't ~~sea~~ **see** a thing 5. last ~~weak~~ **week** 6. in the middle of the ~~rode~~ **road** 7. We often ~~meat~~ **meet** 8. I still feel very ~~week~~ **weak**

15. Voor- en achtervoegsels

1 1. unreal 2. to disagree 3. underestimated 4. overconfident 5. to mispronounce

2 1. boring 2. homeless 3. sadness 4. childhood 5. slowly 6. washable

3 1. overconfident 2. endless 3. distrust 4. happiness 5. freedom

4 1.e ; 2.c ; 3.d ; 4.a ; 5.b

5 1. unpleasant / unpleasantly 2. resourceful /resourcefulness 3. successful / unsuccessful / unsuccessfully 4. expected / unexpected / unexpectedly

6 1.b ; 2.a ; 3.b ; 4.b ; 5.c ; 6.b ; 7.a

7 1. away from keyboard - AFK 2. laughing out loud - LOL 3. talk to you later - TTYL 4. be right back - BRB 5. in my opinion - IMO

8 1. watch 2. see 3. look 4. watch 5. look at

9 1. piece 2. waste 3. scene 4. stair 5. full

10 buy-bye ; thyme-time ; which-witch ; pool-pull ; war-wore ; knows-nose ; their-there ; cereal-serial ; wood-would ; collar-colour ; urn-earn ; blue-blew ; right-write ; jeans-genes ; missed-mist ; allowed-aloud ; wait-weight

16. Bijvoeglijke naamwoorden

1 1. an ugly red plastic phone 2. a horrible old blue cotton sweater 3. a nice tall German lady 4. an exciting long Canadian novel

2 1.a ; 2.a ; 3.b en c ; 4.b, c en d ; 5.a, b en d

3 Verbetering: ~~a passionate man about cars~~ **a man passionate about cars** / ~~anciens cars~~ **ancient cars** / ~~racing, orange, new, wonderful car~~ **wonderful, new, orange, racing car** / ~~italian car~~ **Italian car** / ~~available colour~~ **colour available** / ~~spanish~~ **Spanish** / ~~catholic~~ **Catholic** / ~~a driver fast~~ **a fast driver**. Zowel "a sport car" als "a sports car" zijn mogelijk, dus hier stond geen fout!

4 1.a ; 2.b ; 3.c ; 4.b ; 5.a

5 1.d ; 2.e ; 3.c ; 4.b ; 5.a

6 1.c ; 2.a ; 3.d ; 4.b ; 5.e

7 1. homemade 2. green-eyed 3. sweet-smelling 4. fourteen-year-old

8 1. **zomer**-summer ; winter-**winter** ; hemel-**sky** ; maan-**moon** ; **ster**-star ; **zee**-sea 2. golf-**wave** ; strand-**beach** ; platteland-**country** ; gras-**grass** ; **eiland**-island ; meer-**lake**

3. **blad**-leaf ; berg-**mountain** ; boom-**tree** ; bloem-**flower** ; bos, hout-wood ; **lente**-spring

9 1. weather 2. rain 3. cloud 4. sun 5. snow 6. wind 7. fog 8. hot 9. cold

10 1.b ; 2.b ; 3.a ; 4.a en b

11 1. dog 2. cat 3. horse 4. donkey 5. rabbit 6. sheep 7. pig 8. cow 9. goat 10. duck 11. monkey 12. mouse 13. bird 14. fish

12 1. seat en eat 2. wet - I'm covered in sweat / How sweet of you! 3. about 4. foot - Don't shout like that! / I have never tried shooting a gun 5. heard 6. feared - Peter has grown a beard / The children wanted a bird 7. dear 8. swear - Winnie the Pooh is a cartoon bear / Guinness is a brand of beer

13 1. aunt 2. officer 3. was 4. laugh 5. virus 6. fez 16 7. bed 8. alle drie!

17. Bijwoorden

1 1. lovely 2. silly 3. friendly 4. lively 5. lonely 6. needy 7. costly 8. cowardly

2 1. I rarely go to the cinema 2. Do you often go shopping? 3. Have you ever been to Japan? 4. I didn't understand the lesson well 5. They watch the news daily 6. She always has a sandwich for lunch

3 1. He regularly runs after work 2. I usually go to work on foot 3. He will probably win the race 4. She doesn't like tea much 5. I sincerely hope to see you soon 6. Perhaps you should drive more carefully

4 1. I always go on beach holidays 2. Paul politely turned down the invitation 3. They often go out 4. Frankly, I don't think he will win 5. He is not entirely wrong 6. Do you sometimes go to the opera?

5 1.d ; 2.f ; 3.c ; 4.e ; 5.a ; 6.b

6 1. then 2. whereas 3. so 4. because of 5. Unless

7 1.d ; 2.a ; 3.c ; 4.b ; 5.c

8 1. I **no longer** smoke. I **finally** stopped last year. 2. She's studied psychology and criminology **as well** 3. I love this house, **however,** I don't have enough money to buy it. 4. I phoned her but she wasn't home, **so** I left a message.

9 1. July 2. ago 3. career 4. taboo 5. Chinese

10 1. virus 2. basket 3. insect 4. apple 5. flavour

18. Voorzetsels

1 1. on ; 2. out ; 3. at - to ; 4. from ... to ; 5. from

2 1. from 2. by 3. around 4. over 5. out 6. through 7. in

3 1. on 2. Ø 3. for 4. to 5. in 6. Ø 7. of

4 1. of 2. at 3. in 4. from 5. for

5 1.c ; 2.b ; 3.a ; 4.e ; 5.d

6 1.a ; **2**.e ; **3**.d ; **4**.c ; **5**.b

7 1. underground 2. traffic 3. crossroads 4. car-park 5. suburb 6. traffic jam

8 2 - 4 - 5 - 1 - 3

9 1.i ; 2.h ; 3.g ; 4.k ; 5.a ; 6.b ; 7.l ; 8.m ; 9.j ; 10.d ; 11.n ; 12.c ; 13.f ; 14.e

10 1. to answer 2. to comfort 3. to differ 4. to enter 5. to suffer 6. to offer 7. to copy 8. to envy 9. to open 10. to publish

11 1. to finish (enige met klemtoon op 1e lettergreep: **'fi**nish) 2. to borrow (enige met klemtoon op 1e lettergreep: **'bor**row) 3. to oppose (enige met klemtoon op 2e lettergreep: o'**ppo**se) 4. to cover (enige met klemtoon op 1e lettergreep: **'co**ver) 5. to listen (enige met klemtoon op 1e lettergreep: **'li**sten)

12 1. He likes to pro**'te**st 2. What is this **'o**bject ? 3. We im**'po**rt from India 4. He is a **'re**bel 5. I collect **'re**cords

19. Werkwoorden met partikel (phrasal verbs)

1 Zinnen met werkwoord + voorzetsel: 2-3-5-8-11. Zinnen met phrasal verbs: 1-4-6-7-9-10-12

2 1.f ; 2.a ; 3.e ; 4.d ; 5.b ; 6.c

3 1. up 2. down on 3. up to 4. for 5. out

4 1. burst out 2. climb up - fall down 3. keep off 4. take off 5. make up

5 1. to choose 2. to reject 3. to die 4. to discover 5. to suppress 6. to tolerate 7. to like 8. to explode 9. to become happier 10. to speak louder

6 1. hungry - thirsty 2. meals - breakfast - lunch 3. rare - well done 4. starter - main course - dressing 5. tip

7 1. salt 2. bread 3. pasta 4. pepper 5. rice 6. lamb 7. ham 8. beef 9. shrimp 10. milk 11. butter 12. coffee 13. water 14. juice 15. wine 16. beer 17. mustard

8 Antwoord c.

9 1. spinach 2. apple 3. cabbage 4. tomato 5. lettuce 6. plum 7. lemon 8. cherry 9. leek / **A**. pepper **B**. peas **C**. pear **D**. cucumber **E**. grapes

10 1. grapefruit (pompelmoes, het enige fruit tussen groenten) 2. pineapple (ananas, het enige fruit tussen groenten) 3. lettuce (sla, de enige groente tussen fruit) 4. artichoke (artisjok, de enige groente tussen fruit)

11 Juist beklemtoonde woorden:1. geen enkel! 2. mentalist 3. insulting, pleasantly 4. invented 5. partnership

12 1. a**ma**zing, **o**ffered, un**ha**ppiness, **tea**cher 2. **cer**tainly, **hu**manism, **fi**reman, **rea**dable 3. **e**legantly, **won**derful, **ans**wering, re**la**tionship 4. car**too**nist, **chan**geable, an**xi**ousness, **wor**rying 5. **care**fully, **na**turalist, **nou**rishment, **num**bered 6. **ha**ppily, de**ligh**ted, co**rrect**ly, **friend**ship 7. **pain**ter, con**tras**ting, **wash**able, **fair**ness 8. **in**teresting, **mea**ningful, **ye**llowish, **ha**ppened

20. Passieve vorm

1 1. found 2. sent 3. been 4. sung 5. cut 6. told 7. forgotten 8. hit 9. cooked 10. let 11. written 12. stolen 13. thought 14. lost 15. gone

2 1. *Harry Potter* was written by J.K. Rowling 2. This car has been designed by Sam's father

3 1. He can't be trusted 2. He was given a mobile 3. The bill has been paid (for) 4. I was asked to deliver a speech 5. Spanish is spoken here

4 1. we were given a room with a view 2. he is said to be a selfish man 3. the problem will be dealt with by the mechanic

5 1. tea is drunk all over the world 2. people to be contacted in case of an emergency 3. I was told that Peter was seriously ill 4. he was offered a very interesting job in Japan

6 1. the children will be taken care of 2. a solution was looked for 3. this scandal was talked about for years

7 1.d ; 2.c ; 3.a ; 4.e ; 5.b

8 1. deal 2. odd 3. maybe 4. ready 5. shut 6. able 7. present 8. missing

9 1. famous 2. exhausted 3. wonderful 4. huge 5. mistake 6. glad 7. afraid 8. prison

10 1. selfish 2. clever 3. shy 4. unusual

11 1. tiny 2. cross 3. kind

12 1. window 2. wall 3. door 4. armchair 5. cellar 6. roof 7. stairs 8. cupboard 9. bed 10. chair 11. sofa 12. kitchen 13. bathroom 14. flat

13 1. juist 2. fout (e**'le**ven) 3. fout (um**'bre**lla) 4. fout (No**'vem**ber) 5. juist 6. juist 7. juist

14 1. **'fa**mily, **'a**pricot, po**'ta**to, re**'mem**ber, **'o**rigin

2. ge**'ne**tics, a**'ller**gic, **'com**pany, auto**'ma**tic

3. **'con**sequence, **'hos**pital, scien**'ti**fic, **'vi**negar

4. **'con**tinent, ca**'the**dral, **'po**litics, **'Ca**tholic, ho**'ri**zon

15 Verbeterde versie: 3. (i**'dea**lise), 4. (de**'li**rious), 5. (techno**'lo**gical)

16 1. bi**'o**graphy, **'ca**tegory, de**'ro**gatory, co**'mmu**nicate 2. de**'li**cious, im**'po**ssible, psy**'cho**logy, **'ne**cessary 3. am**'bi**tious, hi**'la**rious, tech**'no**logy, ma**'jo**rity 4. **'a**nalyse, communi**'ca**tion, im**'pa**tient, perso**'na**lity

Gefeliciteerd! Je bent aan het einde van dit werkboek aanbeland! Tijd om je kennis op te meten en dus alle icoontjes op te tellen voor je eindevaluatie. Breng het resultaat van elk hoofdstuk over in onderstaande vakjes en bepaal dan het aantal icoontjes per kleurcategorie. Benieuwd hoe je het ervan afgebracht hebt?

1. Onvoltooid tegenwoordige tijd

2. Voltooid tegenwoordige tijd

3. Onvoltooid verleden tijd

4. Toekomende tijd

5. Modale hulpwerkwoorden

6. Vormen met to en -ing

7. Imperatief, korte antwoorden en question tags

8. Zelfstandige naamwoorden

9. Lidwoorden

10. Hoeveelheden

11. Trappen van vergelijking

12. Persoonlijke, bezittelijke, wederkerende en wederkerige voornaamwoorden

13. Bezit uitdrukken en woorden samenstellen

14. Betrekkelijke en vragende voornaamwoorden

15. Voor- en achtervoegsels

16. Bijvoeglijke naamwoorden

17. Bijwoorden

18. Voorzetsels

19. Werkwoorden met partikel

20. Passieve vorm

Totaal van alle hoofdstukken

Je hebt vooral...

Congratulations! Je beheerst de basis van de Engelse taal en bent nu klaar om met niveau 3 te starten!

Not bad at all! Maar het kan nog beter… Maak de oefeningen die je moeilijk vond opnieuw en lees de lessen nog eens na!

Try again! Je zit een beetje vast… Neem het hele werkboek opnieuw door. Lees de lessen aandachtig alvorens de oefeningen te maken.

Credits: Illustrations / © MS.

Ontwerp en realisatie: MediaSarbacane

© 2016 Assimil

Wettelijk depot: februari 2016
Uitgavenr: 3510
ISBN: 978-2-7005-0728-7
www.assimil.com
Gedrukt in Slovenië door DZS